印度金融发展概况

西藏金融学会　编著

中国金融出版社

责任编辑：刘红卫
责任校对：张志文
责任印制：陈晓川

图书在版编目（CIP）数据

印度金融发展概况/西藏金融学会编著.—北京：中国金融出版社，2020.8
ISBN 978 - 7 - 5220 - 0680 - 2

Ⅰ.①印… Ⅱ.①西… Ⅲ.①金融业—概况—印度 Ⅳ.①F833.51

中国版本图书馆 CIP 数据核字（2020）第 117205 号

印度金融发展概况
YINDU JINRONG FAZHAN GAIKUANG

出版
发行　　**中国金融出版社**

社址　北京市丰台区益泽路 2 号
市场开发部　（010）66024766，63805472，63439533（传真）
网 上 书 店　http：//www.chinafph.com
　　　　　　　（010）66024766，63372837（传真）
读者服务部　（010）66070833，62568380
邮编　100071
经销　新华书店
印刷　保利达印务有限公司
尺寸　185 毫米×260 毫米
印张　13.75
字数　230 千
版次　2020 年 8 月第 1 版
印次　2020 年 8 月第 1 次印刷
定价　40.00 元
ISBN 978 - 7 - 5220 - 0680 - 2
如出现印装错误本社负责调换　联系电话（010）63263947

《印度金融发展概况》编委会

主　　编：熊正良

副 主 编：吴　玲

编译人员：益西旺姆　　扎西卓玛　　扎西坚才
　　　　　　程王林　　　彭志坚　　　夏　君

出版说明

　　西藏地处祖国西南边疆，与缅甸、印度、不丹、尼泊尔和克什米尔等国家和地区接壤，在南亚占有重要的战略地位，是我国在南亚陆路大通道上的重要口岸。近年来，西藏对外开放区位优势日益凸显，人民币在周边国家和地区的流动数量和范围日益增加。为积极融入"一带一路"倡议，需进一步发挥好西藏金融学会的平台作用，深入开展西藏周边国家和地区金融发展研究，为加强区域性金融合作奠定基础。

　　在"一带一路"倡议背景下，西藏能够有效地发挥自身的地缘优势，成为联系南亚国家的重要枢纽和桥头堡，通过了解西藏周边国家和地区金融形势，有利于增强与周边国家和地区的经济金融合作，促进地区经济增长。也可对我国的经济金融发展提供一定的借鉴意义。

　　西藏金融学会自成立以来，努力为丰富金融理论、提高金融业务水平、促进西藏经济社会发展而服务。为进一步发挥西藏金融学会的平台作用，加深对西藏周边国家和地区的金融发展研究，持续关注周边国家和地区经济金融动态，自2015年起，西藏金融学会整合辖区金融系统研究资源，多位青年干部职工携手合作先后组织编译了《尼泊尔金融发展概况》和《巴基斯坦金融发展概况》两本关于西藏周边国家和地区金融发展状况的书籍。

　　2017年着手组织编译《印度金融发展概况》一书，经过不懈努力顺利完成编译工作。本书主要涉及印度经济发展状况、货币政策、银行业发展情况、金融监管、资本市场、外汇管理、征信管理和对外贸易等多方面内容，较为详细地介绍了印度近几年来经济金融发展的有关情况，为两国的经济交流合作提供资料借鉴。

　　受资料和学识水平的限制，我们对印度的研究范围还有待拓宽，研究内容还有待深入，译文中难免有所疏漏与错误，请读者谅解并指正。未来我们将吸取经验，潜心钻研，把西藏周边国家和地区的金融发展情况全面、翔实、深入地呈现给大家，供同仁交流和参考。

目录

导　言

印度共和国（Republic of India），通称印度，位于 10°N—30°N，南亚次大陆最大国家。东北部同中国、尼泊尔、不丹接壤，孟加拉国夹在东北部国土之间，东部与缅甸为邻，东南部与斯里兰卡隔海相望，西北部与巴基斯坦交界。东临孟加拉湾，西濒阿拉伯海，海岸线长 5560 公里。面积约 298 万平方公里（不包括中印边境印占区和克什米尔印度实际控制区等）。国土面积居世界第 7 位。大体属热带季风气候，一年分为凉季（10 月至翌年 3 月）、暑季（4 月至 6 月）和雨季（7 月至 9 月）三季。

古印度是世界四大文明古国之一。公元前 2500 年至公元前 1500 年之间创造了印度河文明。公元前 1500 年前后，原居住在中亚的雅利安人中的一支进入南亚次大陆，征服当地土著，建立了一些奴隶制小国，确立了种姓制度，婆罗门教兴起。公元前 4 世纪崛起的孔雀王朝统一印度，中世纪小国林立，印度教兴起。1600 年英国侵入，建立东印度公司。1757 年印度沦为英国殖民地。1947 年 8 月 15 日，印巴分治，印度独立。1950 年 1 月 26 日，印度共和国成立，为英联邦成员国。

印度是世界第二大人口大国，人口约 13.53 亿人（2018 年）。印度有 100 多个民族，其中印度斯坦族约占总人口的 46.3%，其他较大的民族包括马拉提族、孟加拉族、比哈尔族、泰卢固族、泰米尔族等。印度语言复杂，主要有印欧语系、汉藏语系、南亚语系、德拉维达语系等，大约有 2000 种语言，其中 55 种有自己的文字和文学。印地语是印度的官方语言，有 30% 的人口使用，英语是"第二附加官方语言"，也是全国性的通用语言，主要在政治和商业交往场合使用。除此之外，还有其他 21 种少数民族的预定官方语言。世界各大宗教在印度都有信徒，其中印度教教徒和穆斯林分别占总人口的 80.5% 和 13.4%。

近些年来，印度经济得到飞速发展，在世界经济舞台上发挥着越来越重要的作用。印度是金砖国家之一，也是世界上发展最快的国家之一。印度经济产业多元化，涵盖农业、手工艺、纺织以及服务业。虽然印度三分之二人口仍然直接或间接依靠农业维生，但近年来服务业增长迅速，已成为全球软件、金融等服务业最重要出口国。

第一章　印度经济发展概况

一、经济与财政金融

（一）经济

印度经济自独立后有了较大发展。农业由严重缺粮到基本自给，工业形成较为完整的体系，自给能力较强。20 世纪 90 年代以来，服务业发展迅速，占 GDP 比重逐年上升。印度已成为全球软件、金融等服务业重要出口国。1991 年 7 月开始实行全面经济改革，放松对工业、外贸和金融部门的管制。由于实行了经济改革，经济得到了全面的发展，经济增长的速度得到较大的提高，某些产业，尤其是高科技产业，获得了较大的突破。目前，印度经济正处在 50 多年来的最佳时期，生产总值连续 7 年增长，外汇储备突破千亿美元，成为世界上第六个外汇储备超过 1000 亿美元的国家。

印度财政部和世界银行公布的经济调查数据显示，2017/2018 财年，印度国内生产总值为 166.28 万亿卢比，约合 2.58 万亿美元，增长率为 6.6%；国民总收入为 164.38 万亿卢比，约合 2.55 万亿美元；人均国民收入 111782 卢比，约合 1733 美元；印度卢比（Rupee）为官方法定货币，根据 2019 年 1 月数据，汇率约维持在 1 美元:70 卢比；通货膨胀率为 3.4%；外汇储备在 2019 年初为 3934 亿美元。

（二）财政金融

中央和地方财政分立，预算有联邦和邦两级。每年 4 月 1 日至次年 3 月 31 日为一个财政年度。2017/2018 财年财政赤字占国内生产总值的 3.5%。近年印度外贸情况如表 1-1 所示。

表 1-1	印度外贸情况统计		单位：百万美元
	2015/2016 财年	2016/2017 财年	2017/2018 财年
出口额	262291.07	275852.42	303526.15
进口额	391007.47	384356.39	465580.25
总额	642096.63	658828.66	769057.68
差额	-118716.40	-108503.97	-162054.10

资料来源：中金公司研究部。

二、印度产业结构

印度拥有"非典型"的经济发展轨迹：在工业化还未完成的情况下直接转变成服务主导型经济体。在大多数国家（包括中国），随着人均收入的增长，农业占比持续下降，工业占比先升后降，服务业占比会在人均收入达到较高水平后超过工业占比成为第一大产业[1]，印度的产业发展轨迹与此不同（见图 1-1、图 1-2）。按产出占 GDP 的比例来看，2014 年印度服务业产出占比约 57%，工业产出约占 25%，农业约 18%。[2] 印度服务业占比 1954 年以来一直大于工业，并且在 20 世纪 70 年代中期超过农业成为印度第一大产业。在 70 年代，服

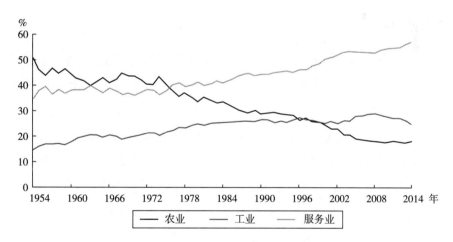

图 1-1 印度三大产业占名义 GDP 比重

（资料来源：India Central Statistics Office、中金公司研究部）

---

① 消费者对农业产品有刚性需求。随着生产力的发展，消费者对农产品的需求得到满足，转向更高层次的工业品。对服务的需求则往往在工农业产品需求得到满足后才开始快速增长。

② 最新的数据截至 2015 年，但 2015 年数据的统计口径与 2014 年及之前的口径不同，为确保数据的一致性，我们这里只考虑截至 2014 年的数据。由于产业结构短期内不会有明显变化，2015 年印度三大产业的格局与 2014 年差别不大。

务业增速超过工业，之后增速几乎一直大于工业，是印度经济增长名副其实的火车头。印度的工业化步伐十分缓慢，产出占比一直低于30%。2008年国际金融危机后，工业产出占GDP的比重从29%的高点下降至2014年的不到25%。

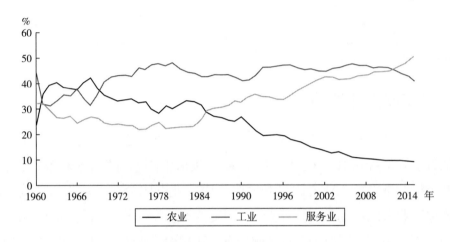

图1-2 中国三大产业占名义GDP比重

(资料来源：World Bank、中金公司研究部)

（一）农业

从产出总量看，印度是农业大国，但其农业发展水平仍旧落后。典型的热带季风气候带来充沛的雨水和肥沃的土地，印度农业用地占国土总面积的60%左右。因此，虽然农村的基础建设及生产率相对落后，但印度粮食和经济作物的产量仍稳步增长（见图1-3、图1-4）。印度的粮食（水稻、小麦及其他谷物）年产量从1967年的7400万吨上升到2015年的2.5亿吨，年均增长率约2.6%。人均粮食年产量在同期从122千克升至193千克。如果粮食生产全部用作国内消费，则同期人均每日可摄入量从334克升至529克。根据2016年全球饥饿指数（Global Hunger Index），印度的饥饿指数为28.5，仍属于饥饿情况"严重"的国家。作为对比，金砖国家（BRICs）的其他国家的饥饿程度均为"低"。[①]

尽管国民饥饿程度严重，印度却是粮食和农业产品的净出口国。根据联合国

[①] 详见网址 www.ghi.ifpri.org。饥饿指数综合了4个指标，分别是营养不良人口比例、5岁以下儿童瘦弱比例、5岁以下儿童矮小比例、5岁以下儿童死亡率。2016年，中国、俄罗斯、巴西的饥饿指数分别为7.7、6.8、<5。

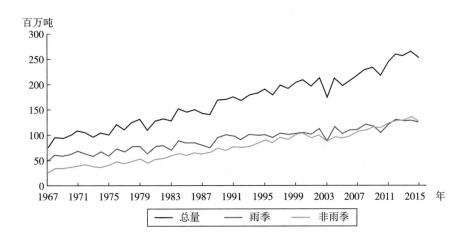

图 1-3　印度粮食产量情况

（资料来源：India Department of Agriculture，Cooperation and Farmers Welfare、中金公司研究部）

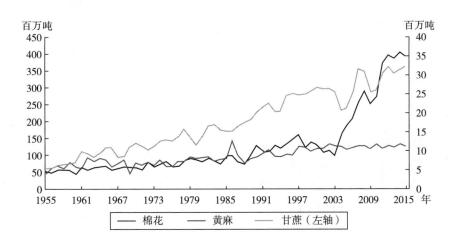

图 1-4　印度主要经济作物产量情况

（资料来源：India Department of Agriculture，Cooperation and Farmers Welfare、中金公司研究部）

粮食和农业署的统计，印度在 2013 年净出口 650 万吨小麦，1100 万吨大米，3000 万吨肉类产品。综合来看，印度在 2013 年是世界排名第 6 位的农产品出口国，2003—2013 年平均出口总额增长率超过 20%[①]。从粮食出口的结构看，出口的大多数都是小麦、大米等精粮，印度农民更多的是把这些粮食产品当作经济作物，目的是卖钱而不是自己食用。印度仍然有 50% 的农业人口，但农业产出仅占 GDP 的 18%，大多数农民需要卖出粮食换取其他必需的生活用品（印度饥饿人口超过

---

① "India's Agricultural Exports Climb to Record High"，美国农业部 2014 年报告。

3亿人）。

印度主要的经济作物有甘蔗、棉花、黄麻等。这三类经济作物的产量在1955—2015年的平均增长率分别为3.1%、3.5%和1.8%。其中，甘蔗和棉花有净出口，黄麻作物是净进口。

农作物的生产率提升较慢（见图1-5）。比较了几种农作物分别在2011—2015年和1967—1971年的单位面积产量及总耕种面积。单位面积产量增长最快的棉花，但年均增速不到3.3%。水稻生产率年均增长仅2%。考虑到耕种设备的改进，全要素生产率的增长速度只会更低（假设单位面积人力投入不变的话）。而在同为人口大国的中国，农业的全要素增长率可能高达6.5%。印度各种农作物的每公顷产量和世界先进水平相距甚远。例如印度的每公顷水稻产量不到3吨，中国超过7吨；棉花则是529公斤，世界先进水平超过1.5吨。[①]

总体上，从内部需求和生产率两方面看，印度农业的发展水平仍旧很落后，不过这也说明仍有广阔的增长空间。

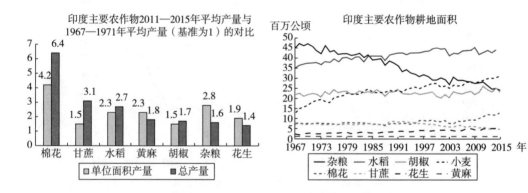

图1-5　印度主要农作物的单位面积产量、耕种土地面积增长情况

（资料来源：India Department of Agriculture，Cooperation and Farmers Welfare、中金公司研究部）

（二）工业

1. 基础产业：总体稳健，但受资源禀赋限制

印度的八大基础（核心）工业产业是煤炭、原油、天然气、精炼品、化肥、钢铁、水泥、电力。在图1-6中我们计算了基础产业的总体产出指数（取三月移动平均去除部分短期波动）和同比增速。自2005年6月起，基础产业总

——————————

[①]　数据来源：www.indexmundi.com。

产出平均每年增长 5.5%，并且在 2008 年国际金融危机后增速没有明显放缓。分行业看（见图 1-7），化肥、原油、天然气三个产业长期没有增长，后两者增长停滞的主要原因是印度的原油和天然气储量匮乏且缺乏开采技术。[①] 印度是世界最主要的化肥进口国，因为缺乏原料以及技术不成熟，自行生产化肥的成本较高。[②] 其余五大核心产业增长相对平稳，煤炭的产量增速最低（年均 4.8%），水泥最高（年均 7.1%）。

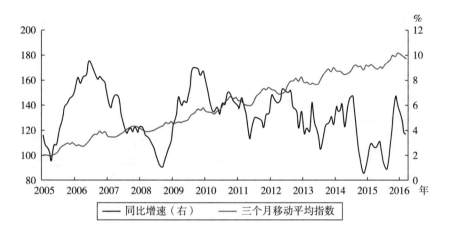

图 1-6 印度基础工业总体增长情况

（资料来源：India Central Electricity Authority、中金公司研究部）

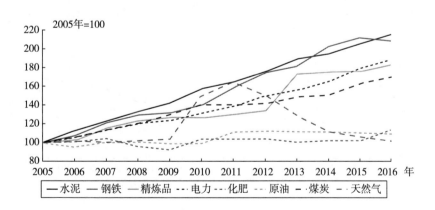

图 1-7 印度基础产业生产指数

（资料来源：India Central Electricity Authority、中金公司研究部）

---

① 根据 EIA 的统计，2015 年印度石油储备大概是中国的五分之一，天然气储备约为中国的三分之一。

② 印度缺乏生产化肥需要的工业水平，且化肥原料匮乏。以生产磷肥所需的矿石为例，印度过去几年每年至少进口 500 万吨，其中 2011 年接近 1000 万吨。此外，生产所需的能源也往往依赖进口。因此，直接进口化肥往往比自行生产更便宜。

八大核心工业产业中，电力生产和供给对印度经济最为关键：各个经济部门都依赖电力的供给。和大多数发展中国家类似，印度长期面对电力短缺的问题，是经济发展的掣肘。近年来通过市场化等制度性改革①，印度电力供需平衡好转（见图1-8），私有化进程迅速（见图1-9），电力短缺状况显著好转。电力供求缺口占需求的比重从2005年的约10%下降至2016年的1%左右，较好地保障了其他产业，尤其是高能耗产业的增长。

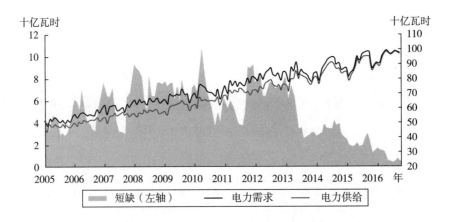

图1-8 印度电力供需情况

（资料来源：India Central Electricity Authority、中金公司研究部）

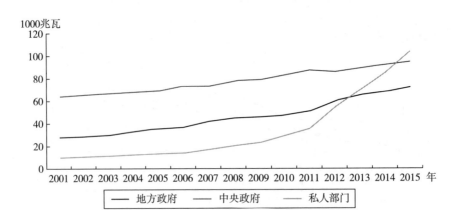

图1-9 印度发电站总装机容量

（资料来源：India Central Electricity Authority、中金公司研究部）

---

① 举例来说，总装机容量中私人公司占比从2011年的约20%上升到2017年1月底的43%。资料来源：印度政府发布的《Growth of Electricity Sector in India from 1947—2015》，印度中央电力局（Central Electricity Authority）。

2. 制造业：长期表现疲软，但有望迎来长期增长

制造业和建筑业主导了印度工业产出，两者合计占工业总产出的80%。此外，水、电、天然气等能源供给产业以及采矿业，贡献10%左右的工业产出。印度制造业欠发达，且产出在工业中的比重逐年下降，从20世纪50年代初的75%下降至2014年的52%（见图1－10）。

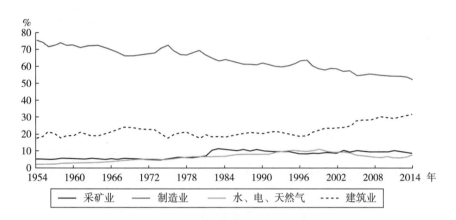

图 1－10　印度工业主要分项名义产出占比

（资料来源：India Central Statistics Office、中金公司研究部）

从2005年第二季度至2016年第四季度，制造业总体年均复合增长率为5.3%，其中增长最快的行业有通信设备、电子设备、交通工具（机动车及其他）、基础金属等（见图1－14）。2008年国际金融危机后印度制造业总体增速显著放缓，年均增速降至0.7%，接近停滞，这主要是受到金融危机前的热门行业的拖累：通信设备和电子设备的年均复合增长率在同期分别降低至－16.4%和－0.7%，而金融危机前的年复合增长率高达112%和68%。其他金融危机前增长较快的行业，如机动车、其他交通设备、机器设备、塑胶产品、金属制品等，都在金融危机后增速显著放缓。

近年来，印度决心发展本国的制造业，建立更完整的工业体系。根据德勤和美国竞争力委员会发布的2016年版全球制造业竞争力指数，印度排在全球第11位[①]。

3. 制造业重点行业

制造业中最引人瞩目的是机动车产业，近年其产出量快速增长。印度机动车产量位于世界前列，根据世界汽车制造商协会（OICA）的统计，印度的汽车

_____

① 参见 https：//www2. deloitte. com/cn/zh/pages/2016 - manufacturing - competitiveness - index. html。

产量在 2015 年排名全球第六。印度机动车主要包括乘用车、商用车、三轮车及两轮车，并且以两轮车（摩托车）为主（见图 1 – 11）。目前北美和欧洲许多汽车厂商的零部件都由印度制造。印度自行研制的汽车中，最有名的是 Tata Motors 生产的 Tata Nano：它是世界上最便宜的四轮汽车，售价约为 2000 美元。①

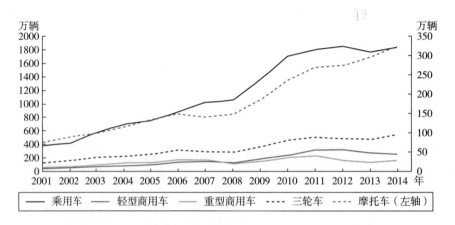

图 1 – 11　印度各类汽车年产量

（资料来源：Society of Indian Automobile Manufactures、中金公司研究部）

根据印度道路运输及高速公路部的统计，2014 年印度机动车的保有量（不包括两轮车）为 5169 万辆，约每千人 40 辆，远低于世界平均水平。② 随着道路建设的改善和平均收入水平的提高，小型私人汽车需求的增长空间很大。

通信设备制造业增速近年来开始放缓，但仍有较大增长空间。需求端的增长减缓可能是主要原因之一：印度宽带上网和移动电话使用人数在 2000 年后井喷，2011/2012 年后增长近乎停滞（见图 1 – 12）。一个可能的原因是，由于贫富差距，市场已经接近饱和。③ 往前看，随着收入的增长，通信设备行业的增长空间仍很可观。主要有两方面的原因：保有量仍然很低，尤其是宽带上网。考虑到印度平均家庭人数较高，假设每户家庭有 5 人④，由于宽带接入以户为单

① 参见 http：//www. autocar. co. uk/car – news/new – cars/worlds – cheapest – car – launched – tata – nano.
② 参见 https：//en. wikipedia. org/wiki/List_ of_ countries_ by_ vehicles_ per_ capita.
③ 有需求且负担得起移动电话及宽带上网的消费者已经购买了相关设备和服务。根据印度劳动与就业部的数据，2015 年印度工人日平均工资为 272 卢比。假设 2016 年的数据为 300 卢比，则月收入约为 6600 卢比（每月 22 个工作日）。印度宽带服务的速度偏慢、价格偏贵。经过比较，速度最慢的计划中（下载速度仅 1Mbps），月租费仍然达到 600 卢比，高达收入的 1/11。考虑到印度工人的收入远高于农业人口，印度大部分家庭可能无法负担最便宜的宽带服务。
④ 印度女性的总生育率（Total Fertility Rate，平均每位女性生育子女的人数）在 1960 年接近 6，在 2014 年不到 2.5。保守地取 3 为平均数，那么平均每户家庭的人数为 5。

位，如果每户都接入一个宽带，那么潜在的每百人（20 户）宽带接入数为20，远大于 2014 年的 1.2；信息通信设备的本土制造比例较低，这种情况可能随着"印度制造"的推行明显改观。2014 年此类商品出口占印度总商品出口的比例仅为1%，而其进口占总商品进口的6%（见图 1–13）。随着莫迪政府继续推行"印度制造"，可以预见将来会有越来越多的顶尖厂商在印度设厂①，资本和技术的流入将带动产业升级，有望降低通信设备的制造成本。

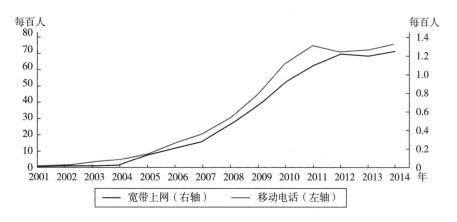

图 1–12　印度通信服务使用量

（资料来源：World Bank、Haver Analytics、中金公司研究部）

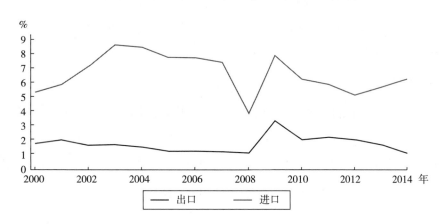

图 1–13　印度信息通信产品进出口占总商品进出口的比重

（资料来源：World Bank、Haver Analytics、中金公司研究部）

　　纺织业是印度最重要的制造行业之一：原料需求刺激了棉花、黄麻等上游农业产业，产出也给印度带来大量的外汇创收。印度已经放开了 FDI 投资中纺

---

　　①　2015 年起，以下厂商已经在印度设立工厂：三星、富士康、华为、小米、联想、Vivo 等。

织行业的所有限制，外资可以几乎不受限制地投资印度纺织业。纺织机械生产商如瑞士的 Rieter 和德国的 Trutzschaler 已经在印度投资设厂；国际成衣的领先品牌如 Calvin Klein、Tommy Hilfiger 等已经在印度设立采购中心；垂直整合的时装品牌如 Zara、Esprit、Levi's 及 Forever 等已在印度开设工厂及零售店。

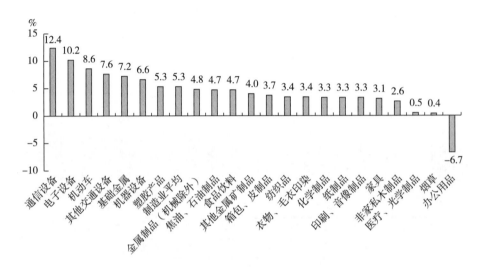

图 1-14　印度制造业各行业 2005—2006 年平均增速

（资料来源：India Central Statistics Office、中金公司研究部）

（三）服务业

印度是服务业大国。服务业不仅占比最大，增长也最快。1991 年至 2014 年，服务业实际产出的平均增速超过 8%。2014/2015 财年，名义产值超过 60 万亿卢比，其中主要的产业有：零售业（占比 27%，包括维修服务），金融（占比 11%，包括银行与保险），房地产服务与专业服务（占比 22%），公共服务（占比 26%，包括国防等），公路交通（占比 10%），以及通信及广播服务（占比 2%）。图 1-15 中显示了服务业各主要行业产出占比的主要变化，有三个趋势：最近 20 年最显著的趋势就是房地产及商业服务的占比显著提升——这个大类里包括享誉全球的印度 IT 服务业；零售业、金融业及交通服务的占比近年来基本保持稳定；通信服务在 1990 年至 21 世纪初扩张后，占比在近几年萎缩。

1. 零售批发业：总体规模可观，亟待产业整合

印度零售业平均规模极小，大多属 Unorganized 类别，产业集中度很低。产

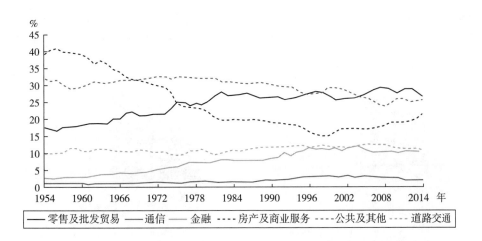

图 1-15　服务业主要行业产出占比

（资料来源：India Central Statistics Office、中金公司研究部）

业集中度太低的结果就是效率低下。大中型的连锁超市或直营店可能是今后零售业的发展趋势。通过资本流入、对零散的产业进行横向及纵向整合，可以提升效率、减少浪费，利润空间也自然比较可观。印度目前拥有的大型零售品牌包括 V Mart、Cantabil、Provogue、Lifestyle International、Shoppers Stop 等。

2. 电信服务业：技术成熟、进入平稳增长期

移动通信（电话＋数据）逐渐主导印度的电信市场：从 21 世纪初的几乎无人使用，到 2016 年接近 9 亿用户，成为世界上第二大移动通信市场。印度的移动电信牌照根据不同的圈（Circle）发放。按照经济实力由高到低排序，又可分为都市圈、A 类圈、B 类圈、C 类圈（见图 1-16）。电信业的发展惠及各个收

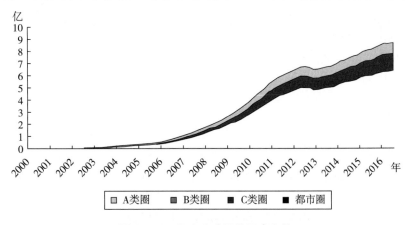

图 1-16　印度移动网络用户人数

（资料来源：Cellular Operators Association of India、中金公司研究部）

入阶层（见图 1－17）：都市圈的用户比例从 2000 年初的 43% 降至 2015 年的 11%，经济上最贫困的 C 类圈的比例同期从不到 3% 升至 16%，B 类圈的比例从 24% 上升至 40%。

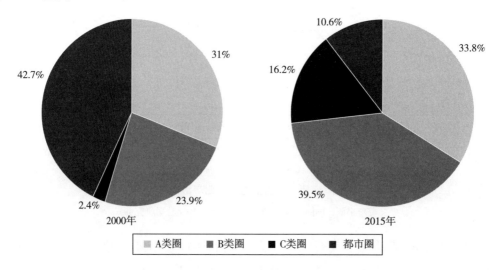

图 1－17　印度移动网络服务各类圈用户比例

（资料来源：Telecom Regulatory Authority of India、中金公司研究部）

从用户数量增长速度来看，移动通信行业已经进入增长相对平缓的阶段（见图 1－18）。一方面，市场饱和度已经较高（有能力的消费者均已经享有服务）；另一方面，市场也较为成熟：从市场结构来看，各大运营商的占有率非常平均（见图 1－19、图 1－20）；从技术层面来看，各主要运营商已开始提供 4G 网络服务，但使用 3G/4G 服务的用户仍只占约 55%。预计移动通信今后的增长

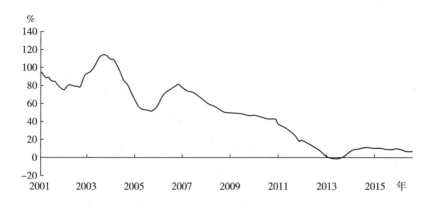

图 1－18　印度移动网络用户数同比增速

（资料来源：Telecom Regulatory Authority of India、中金公司研究部）

空间来自两个方面：（1）广延边际（Extensive Margin），即更多人购买移动通信服务。这主要取决于印度收入分配的改进速度。考虑到印度复杂的政治经济环境，这将会是一个长期的过程。（2）集约边际（Intensive Margin）：现有客户购买更多更好的服务，印度经济增速、居民整体的收入增长情况将是决定因素。

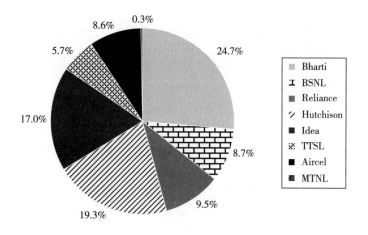

图 1-19 2016 年 8 月印度各移动网络运营商的市场占有率

（资料来源：Telecom Regulatory Authority of India、中金公司研究部）

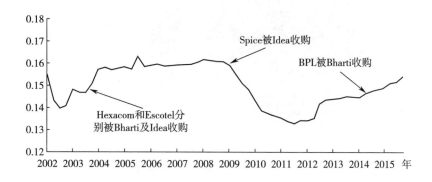

图 1-20 印度移动网络市场集中度

（资料来源：Telecom Regulatory Authority of India、中金公司研究部）

电信服务业另一个主要分支是固定电话服务。无论从用户数量，还是从市场成熟度来看，印度固话市场都逊于移动通信。印度固话用户数从 2006 年以来年均下降 5%（见图 1-21）。随着移动通信的进一步发展，私人部门对于固定电话的需求将进一步下降至非常低的水平，企业部门将成为固话服务的主要需求端。与移动网络服务相比，固话服务市场的前景相对黯淡。固话服务主要由 BSNL 及 MTNL 两家国有企业主导，合计市场占有率超过 71%。印度第三大固话服务提供者是 Bharti 公司，在两大国有企业夹缝中拿到 **15%** 的市占率（见图 1-22），不过 Bharti 的用户人数呈稳健上升的态势，与行业整体形成鲜明对比。

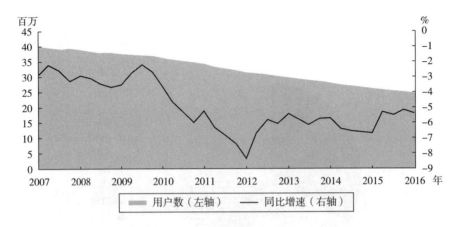

图 1-21　印度固话市场用户数及增长率

（资料来源：Telecom Regulatory Authority of India、中金公司研究部）

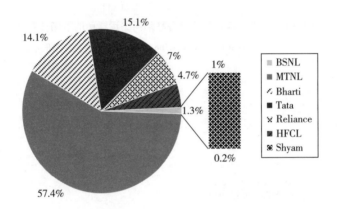

图 1-22　印度固话市场结构（2016 年 6 月）

注：BSNL、MTNL 是国有企业

（资料来源：Telecom Regulatory Authority of India、中金公司研究部）

3. IT 服务业：传统优势行业，继续快速增长

IT 服务业主要有三大类：（1）软件工程，主要内容包括软件项目的开发销售及相关服务等。（2）商业流程外包（BPO，Business Process Outsourcing），指企业将重复性的业务流程外包给第三方供应商。（3）IT 服务，比如软件咨询服务等。如图 1-23 所示，三个分项都增长迅速，且增速大致相同：2015 年相比 2007 年增长了 3 倍左右，平均年复合增长率高达 **14%**。

IT 服务的需求主要来自国外，产业的增长由出口驱动。出口占比在80%左右，近年来还有上升的趋势（见图1-24）。自2007年以来出口的复合增长率为15%，内需为12%；内需增长不仅相对缓慢，而且波动更大。对于新兴的云计算服务、社交媒体、移动计算、物联网等子行业，印度 IT 企业具备较强的竞争力。总体上，IT 服务业整体的产业集中度可能继续增加，精英企业仍将保持稳健的增长。Tata Consultancy Services、Infosys Technology Limited、Wipro Limited 是三家顶尖的本土 IT 公司，在2015/2016财年的营业收入分别达到165亿美元、98亿美元和77亿美元。

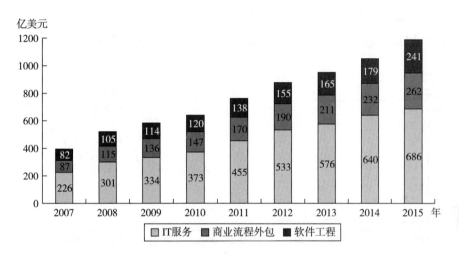

图1-23 印度信息技术服务业产值

（资料来源：National Association of Software and Services Companies、中金公司研究部）

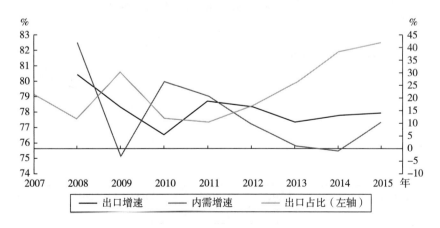

图1-24 印度 IT 服务业内外部需求变动

（资料来源：National Association of Software and Services Companies、中金公司研究部）

三、FDI 流入的产业结构

印度成全球 FDI "新宠"。根据 IMF 的统计，2012 年印度新增 FDI 资金流入量全球排名第 27 位（中国第 5 位），2014 年印度排名已经上升到第 4 位（中国第 3 位）。2015 年全年印度 FDI 总额为 550 亿美元，较 2014 年增加 31%；2016 年进一步上升至 627 亿美元。从月度数据看，2014 年中，莫迪政府上台后海外投资者就开始稳步增加对印度的 FDI 投资。这主要受益于：莫迪政府不断放开 FDI 的政策限制（如将机场服务业的外资投资上限从 74% 提高到 100%，将私人银行的外资投资上限从 49% 提高到 74% 等）；相对不错的经济增长。2014 年后，印度（见图 1–25）FDI 总额加速上升的趋势与中国（见图 1–26）形成鲜明对比。

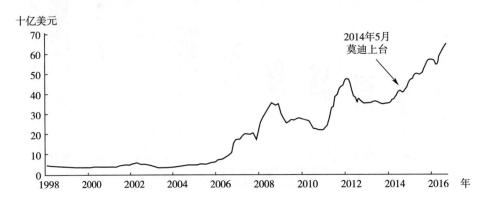

图 1–25 印度 FDI 投资额

（资料来源：Reserve Bank of India、中金公司研究部）

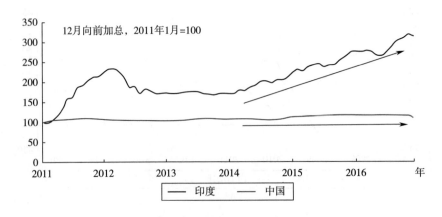

图 1–26 中印两国 FDI 投资额对比

（资料来源：Reserve Bank of India、中金公司研究部）

　　从长期看，累计 FDI 流入最高的行业囊括了印度经济的支柱产业。图 1 - 27 将 2005—2016 年的 FDI 流入加总，揭示了印度 FDI 的长期行业结构。前文提到的印度重点行业，如电信业、计算机软硬件（软件为主）、建筑业（含基建）、汽车，也是 FDI 的主要接收者。

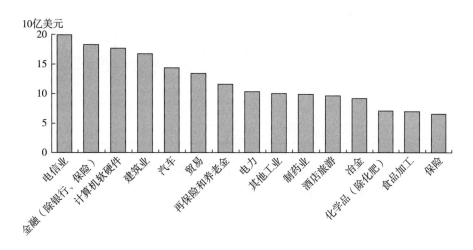

图 1 - 27　2005—2016 年印度 FDI 累计投资额最高的行业

注：银行业的 FDI 总流入排在第 22 名。印度银行市场以本国银行为主：以总资产计，

截至 2015 年，外资银行仅占银行业总和的 6.3%。

（资料来源：Department of Industrial Policy and Promotion、中金公司研究部）

　　综合增速和总量，计算机软硬件、贸易和建筑业的 FDI 投资在莫迪就任总理后表现亮丽（见图 1 - 28）。计算机软硬件（主要是软件）一直是印度的重点产业，但 FDI 的大幅流入始于 2015 年：该年流入占历史总量的 37%（见图 1 - 29）。2016 年前三季度该行业的 FDI 依然保持较高水平；贸易行业 FDI 流入加速主要原因很可能是政府放开了单品牌零售企业的政策限制。在 2013 年，外资投资单品牌零售业必须经政府批准（100% Government Route）；2014 年，外资可在自动通道（Automatic Route）下持有单品牌零售商 49% 的股份。图 1 - 30 显示，贸易行业整体 FDI 在 2014 年后显著加速流入；建筑业 FDI 加速流入也和政策密切相关。在资本匮乏、投资不足的背景下，过去二十多年印度实施了与中国等大多数新兴经济体不同的产业发展思路：印度主要依靠发展高技术含量的服务行业（如 IT，从业者受教育程度很高，且不需要公路、铁路等基建支持），而中国主要靠大力发展低附加值的制造业及加入 WTO 等。2014 年 5 月莫迪政府上台后反复强调要加强基建，同时在 2014 年 9 月推出"印度制造"（Made in India）（制造业依赖基建项目的支持），带动基建类 FDI 在 2014 年第四季度开始快速增长（见图 1 - 31）。

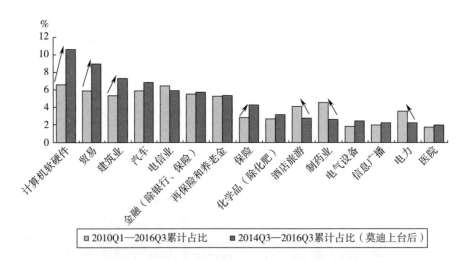

图1-28 莫迪就任总理后各行业FDI累计流入占总流入比

（资料来源：Department of Industrial Policy and Promotion、中金公司研究部）

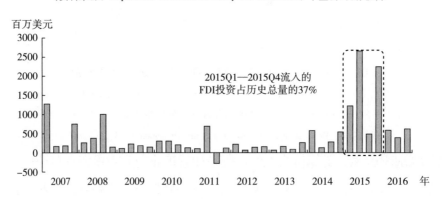

图1-29 印度计算机软硬件FDI净投资

（资料来源：Department of Industrial Policy and Promotion、中金公司研究部）

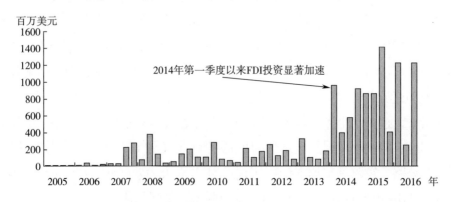

图1-30 印度贸易行业FDI净投资

（资料来源：Department of Industrial Policy and Promotion、中金公司研究部）

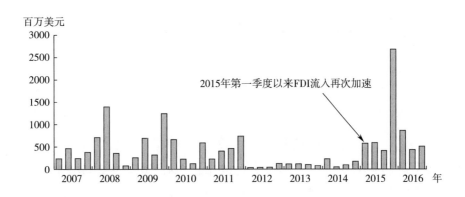

图 1 – 31 印度建筑业 FDI 净投资

（资料来源：Department of Industrial Policy and Promotion、中金公司研究部）

　　2016 年前三季度新增 FDI 投资集中在通信、保险、贸易及其他金融服务等行业（见图 1 – 32）。电信行业的 FDI 再度加速，与产业升级和政府无线电频谱拍卖有关。瑞典爱立信公司宣布在印度推出新的无线电系统，为 5G 网络做准备。沃达丰在 2016 年 9 月宣布将为印度子公司投资 71 亿美元，是印度史上最大的单次 FDI 投资（还未完全在数据中体现）。印度的保险市场规模与整体经济规模不成比例，有较大的增长空间。2016 年前三季度保险行业流入 FDI 达 29 亿美元，占历史累计值的 44%。保险业同时也带动再保险业务发展（包括在其他金融服务分项下）；贸易行业 FDI 保持了莫迪就任以来的强势表现，资源整合能力更强的大型批发、零售业仍有较大的利润空间。此外，建筑业、计算机软硬件、电气设备、汽车、金融（除银行、保险）、广播等行业的 2016 年 FDI 流入排名靠前。

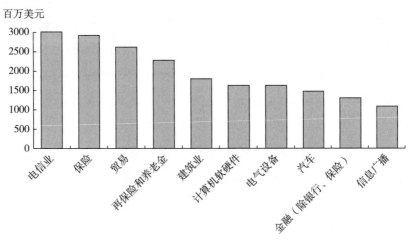

图 1 – 32 2016 年前三季度印度 FDI 净投资最多的十大行业

（资料来源：Department of Industrial Policy and Promotion、中金公司研究部）

四、印度经济及产业发展的"不均衡"

印度拥有人口大国中最高的文盲率，也有数量和质量可观的人力提供顶尖的服务（如 IT 业及商业流程外包）；是农业出口大国，却仍有 3 亿人挨饿；有较为发达的服务业，但仍然物资匮乏。按人均 GDP 衡量，印度仍然是世界上最贫穷的国家之一，根据 IMF 的数据，印度人均 GDP（平价购买力）在 189 个国家和地区中排名第 126 位。据印度央行的报告，在 2012 年，印度仍然有 22% 的人口处在贫困线以下——城市人口日均收入 32 卢比，农村人口日均收入 27 卢比（两者均不足 0.5 美元）。

印度发展的不均衡与制造业长期发展缓慢相互印证。贫富差距导致对制造业产出的内部需求较低。如果总收入保持不变，则贫富差距越大，总需求越低。印度庞大的贫穷和低收入人群对制造业商品的需求很低；高收入人口对制造业商品的总需求也较低，因为高收入人口的相对数量较少，且需求结构倾向于高端商品。劳动力素质不均导致制造业外需不足。很多发展中国家通过吸引外资发展制造业，但印度的制造业在 20 世纪 90 年代初经济改革后依然发展缓慢。资本流入不足与印度劳动力的平均人力资本低（受教育程度低、缺乏技能）有关：虽然劳动力价格便宜，但合格劳动力短缺、基建薄弱等因素压低了资本回报率。资本缺乏造成生产力增长缓慢，技术工艺落后于国际水准，很难吸引外部需求。制造业疲软反过来加重了内需不足。印度的制造业就业较低，2010 年只有约 4000 万人，而同期中国接近 1 亿人。由于资本密度较高，制造业（即使是劳动密集型产业）对发展中国家人口脱贫有重大意义。制造业在印度发展过程中长期"缺位"，不仅削弱了供给曲线，还抑制了需求端的增长。

印度工业（包括制造业）崛起可能是未来印度经济的长期主题。印度已经通过吸引 FDI 促进工业体系起步——发展中国家常见的发展路径。近年来，汽车、通信、制药、化学品等制造业均获得较大的 FDI 流入，成为印度经济的支柱产业。印度政府还通过税制改革等措施尝试增加内需。

"印度制造"若成功起飞，将带动其他行业加速增长。制造业崛起将改善收入分配，和需求端直接相关的行业将直接受益。消费品、医疗板块在股市的长期回报率不错，将来可能仍将保持强势。收入分配改善还将释放居民对水电煤气的需求，印度 MSCI 公用事业板块在最近一年的表现除了低基数原因，也部分反映了这方面的预期（以及莫迪政府改善基建的努力）。制造业崛起还将通过乘数效应促进其他行业的收入增长。制造业的上游企业也将得益。最近一年材料行业在股市的回报率高达67%，能源行业也达到25%，均高于长期平均水平。此外，作为经济发展润滑剂的金融行业也将稳步增长。

　　虽然近年来政策支持力度加大，印度的工业化进程仍将相对漫长。主要原因有：基础建设仍非常薄弱。虽然有人口红利，但合格劳动力的供给不算充足，平均教育水平的提高是一个漫长的过程。印度并不具备中国、日本、韩国、新加坡等国家在高速增长（追赶）期的文化、制度基础。譬如种姓制度虽然早就被官方废除，但仍然桎梏着广大农村区域。印度工业化将是一个中长期的主题，莫迪政府的结构性改革是关键。

第二章　印度货币政策

一、印度货币政策概述

货币政策是指中央银行在其控制下使用货币工具来实现特定目标的政策。印度储备银行（印度中央银行）承担着执行货币政策的责任，这一责任是在1934年《印度储备银行法》明确规定的。中央政府根据《印度储备银行法》第45条b款所组成的货币政策委员会（MPC）确定了实现通胀目标所需的政策利率。

印度储备银行的货币政策部（MPD）协助货币政策委员会制定货币政策，分析经济中主要利益相关者，有助于就政策回购利率作出决定。金融市场委员会（FMC）每天开会审查流动性状况，以确保货币政策的操作目标（加权平均贷款利率）与政策回购利率保持在接近的水平。

（一）印度货币政策的目标

货币政策的主要目标是保持价格稳定，同时保持增长的目标。价格稳定是实现可持续增长的必要前提条件。2016年5月，《印度储备银行法》进行了修订，为实施灵活的通胀目标框架提供了法定依据。修正后的《印度储备银行法》还规定了印度政府每五年与储备银行协商确定通货膨胀目标。因此，中央政府已在官方公报中公布了4%的消费价格指数（CPI）通胀率，为2016年8月5日至2021年3月31日间的目标，其上限为6%，下限为2%。

中央政府将下列因素列为未能实现通胀目标的因素：（a）平均通货膨胀率高于连续三个季度的通胀目标的上限；或者（b）平均通货膨胀率低于连续三个季度的低容忍水平。在2016年5月《印度储备银行法》修正案之前，灵活的通胀目标框架由印度政府与印度央行于2015年2月20日签署的货币政策框架协议管理。

（二）印度货币政策框架

为了让印度央行更好地执行该国的货币政策框架，修正后的《印度储备银行法》明确规定了储备银行的立法授权。该框架旨在根据对当前和不断变化的宏观经济形势的评估制定政策（回购）利率；以及对流动性状况的调节，以固定货币市场利率，或以回购利率为基础。回购利率的变化通过货币市场传导至整个金融体系，进而影响总需求——这是通胀和增长的一个关键决定因素。

一旦宣布回购利率，由储备银行设计的操作框架就会在日常基础上通过适当的行动来实现流动性管理，目标是将操作目标——加权平均利率（WAIR）——围绕回购利率设定。

根据不断变化的金融市场和货币状况，印度央行对操作框架进行了微调和修订，同时确保了与货币政策立场的一致性。流动性管理框架上一次大幅修订是在 2016 年 4 月。

（三）印度货币政策程序

修订后的《印度储备银行法》第 45 条，规定中央政府被授权的六人组成货币政策委员会（MPC），并在官方公报进行公开。据此，中央政府于 2016 年 9 月成立了货币政策委员会，包括以下六人：

1. 印度储备银行行长，主席；
2. 印度储备银行副行长，负责货币政策，成员；
3. 由中央委员会提名的一名印度储备银行的官员，成员；
4. Shri Chetan Ghate，教授，印度统计研究所（ISI），成员；
5. Pami Dua 教授，德里经济学院主任，成员；
6. Ravindra H. Dholakia 博士，教授，艾哈迈达巴德印度管理学院，成员。

（上述 4 至 6 名成员将担任 4 年或新一任人选）。

货币政策委员会决定实现通货膨胀目标所需的政策利率。货币政策委员会第一次会议于 2016 年 10 月 3 日和 4 日举行，会议将持续到 2016—2017 年第四季度货币政策声明。

储备银行的货币政策部（MPD）协助货币政策委员会制定货币政策。对经济中主要利益相关问题进行收集后，由储备银行进行分析，用于帮助决定政策回购利率。

金融市场运营部（FMOD）对货币政策进行操作，主要是通过日常的流动性管理操作。金融市场委员会（FMC）每天开会审查流动性状况，以确保加权平均利率（WAIR）的操作目标。

在货币政策委员会成立之前，货币政策的技术咨询委员会（TAC）与货币经济学、中央银行、金融市场和公共财政专家就货币政策的立场向储备银行提供建议。然而，它的作用只是形式上的咨询。随着货币政策委员会的成立，货币政策的技术咨询委员会已不复存在。

（四）印度货币政策的工具

印度储备银行目前正在使用的直接和间接用于实施货币政策的工具如下：

1. 回购利率：储备银行在流动性调整基金（LAF）下，以政府和其他经批准的证券的抵押品，向银行提供隔夜流动性。

2. 逆回购利率：储备银行在隔夜基础上从银行对符合条件的政府证券的抵押品进行吸收流动性。

3. 流动性调整基金（LAF）：LAF 包括隔夜和定期回购拍卖。储备银行逐步增加了在微调可变利率回购拍卖中注入的流动性比例。定期回购的目的是帮助发展银行间货币市场，这反过来可以为贷款和存款的定价设定基于市场的基准，从而改善货币政策的传导。在市场条件下，储备银行也进行了可变利率逆回购拍卖。

4. 边际贷款工具（MSF）：根据规定，商业银行可以通过将法定的流动性比率（SLR）的投资组合提高到一定的惩罚性利率，从而从储备银行借到额外的隔夜资金。这为银行系统提供了一个安全阀门，以应对未曾预料到的流动性冲击。

5. 走廊机制：边际贷款利率和逆回购利率决定了加权平均赎回利率的每日变动的走廊。

6. 银行利率：这是储备银行准备购买或再贴现汇票或其他商业票据的利率。银行利率是根据 1934 年《印度储备银行法》第 49 条发布的。这一比率与 MSF 的比率是一致的，因此，当 MSF 的利率随着政策回购利率的变化而变化时，它会自动发生变化。

7. 现金储备比率（CRR）：银行需要与储备银行维持的平均每日余额，作为其净需求和时间负债（NDTL）的一部分，储备银行可以在印度公报中不时地通知。

8. 法定流动性比率（SLR）：要求银行在安全、流动资产中维持的 NDTL 的份额，如不受阻碍的政府证券、现金和黄金。

9. 公开市场操作（OMOs）：这包括直接购买和出售政府债券两项业务，分别用于注入和吸收持久流动性。

10. 市场稳定计划（MSS）：这是 2004 年推出的货币管理工具。对于大量资本流入产生的更持久的流动性过剩，可通过出售短期政府证券和短期国债吸收。如此调动的资金被存放在储备银行的单独的政府账户中。

（五）公开和透明地制定货币政策

根据修正的《印度储备银行法》，货币政策的制定过程如下：

一是货币政策委员会必须在一年内至少召开四次会议。

二是货币政策委员会会议的法定人数至少为 4 人。

三是货币政策委员会的每一个成员都有一票，如果投票结果是平等的，州长就有第二票或投选票。

四是货币政策委员会通过的决议，是根据 1934 年《印度储备银行法》第三章的规定，在货币政策委员会每次会议结束后公布的。在第 14 天，货币政策委员会的会议记录发表，其中包括：a. 货币政策委员会通过的决议；b. 每个成员对决议的投票，由该成员作出；c. 每个成员关于决议的声明。

五是每隔 6 个月，储备银行就必须公布一份名为货币政策报告的文件，以解释通货膨胀的来源和预测未来 6—18 个月的通货膨胀率。

二、印度货币政策发展

1992—1996 年实现经济年均增长 6.2%。"九五"计划（1997—2002 年）期间经济年均增长 5.5%。"十五"计划（2002—2007 年）期间，继续深化经济改革，加速国有企业私有化，实行包括农产品在内的部分生活必需品销售自由化，改善投资环境，精简政府机构，削减财政赤字，实现经济年均增长 7.8%，是世界上发展最快的国家之一。2006 年，推出"十一五"计划（2007—2012 年），提出保持国民经济 10% 的高速增长，创造 7000 万个就业机会，将贫困人口减少 10%，大力发展教育、卫生等公共事业，继续加快基础设施建设，加大环保力度。2011 年 8 月，印度计划委员会通过"十二五"（2012—2017 年）计划指导文件，提出国民经济增速9%的目标。

重新修订的《印度储备银行法》于 2016 年 6 月 27 日生效后，基本的制度变革影响了印度的货币政策。在 2016/2017 年，政策利率下调了 50 个基点，政策立场在 2017 年 2 月从宽松转向中性。尽管通胀低于 2016/2017 年第四季度的5%的目标，但货币政策操作不得不应对大量过剩的流动性状况，这就需要将常规和非常规的流动性管理工具组合在一起。尽管政策利率变化的速度更快地传导至基于基金的贷款利率（MCLRs）的边际成本，但实际贷款利率的传导仍未完成。

当前温和的通胀环境下，仍普遍存在通胀压力，这使得印度 2017/2018 年的通胀面临挑战。在强劲的消费需求支撑下，尽管投资活动依然低迷，外部需求不确定，但 2017/2018 年的实际增加值预计将加速增长。

在引入《印度储备银行法》修正案的货币政策框架下，印度货币政策由六名成员组成的货币政策委员会（MPC）决议制定。2016 年 10 月的货币政策报告（MPR）决定将政策回购利率下调 25 个基点（bps），随后 MPC 也决定 2016年 12 月和 2017 年 2 月的政策利率维持与双月计划一致。

在新体制下，这些最初的决定有四个特点。第一，货币政策立场从宽松转向中性。第二，有一种压倒性的偏好认为"废钞"的短期效应和动荡不安的全球政治气候会好转。第三，每个决定都是全体一致通过的。第四，成员的决定似乎是以利己主义的方式推动达成共识的，正如他们在书面公开声明中所揭示的那样。

英国、瑞典、巴西、泰国、捷克和匈牙利 MPCs 近期的经验表明，利率决定是以一致性为基础的。近期相关的例子是美国联邦公开市场委员会（FOMC）在 2016 年 12 月和 2017 年 2 月的会议上的决定，以及英国货币政策委员会在2016 年 10 月到 2017 年 2 月期间会议上的决策。差异通常局限于政策利率变动的大小，而不是对总体政策立场提出异议。现有的货币政策决策研究表明，差异主要原因：（1）货币政策委员会成员的政策偏好——价格稳定和产量稳定的相对权重；（2）对预期经济状况的评估——通胀和产出缺口的演变。印度货币政策委员会成立的经历是否暗示了相似的政策偏好和评估的前景，现在说还为时过早。

通货膨胀和产出增长都低于 2016 年 10 月的月底进展报告（MPR）预测。

在某种程度上，这些偏差反映了"废钞"的影响。近期印度国内和全球事件都对 2016 年 10 月 MPR（见表 2-1）初始条件的基本假设进行了修正。首先，在石油输出国组织（OPEC）组织的支持下，加强了对石油产量的控制，因此国际原油价格在过去 6 个月里波动很大。最近，这些价格随着油页岩产量的增加，美国的库存规模不断增加，以及大量的库存供应有所缓解。尽管如此，目前（2017 年 4 月）油价比 2016 年 10 月的水平（每桶 46 美元）高出 10% 左右。2016 年 11 月至 2017 年 2 月，国内汽油和柴油价格分别上涨约 5.5 卢比每升和 4.2 卢比每升，2017 年 4 月 1 日起，每升又分别减少了约 4.9 卢比和 3.5 卢比。

表 2-1　　　　　　　　　　　　　短期预测的基本假设

变量	2016 年 10 月的 MPR	目前（2017 年 4 月）的 MPR
原油（印度篮子）	2016/2017 财年下半年为 46 美元/桶	2017/2018 财年为 50 美元/桶
汇率	67 卢比 = 1 美元	当前水平
季风	正常	正常
全球经济增长	2016 年是 3.1% 2017 年是 3.4%	2017 年是 3.4% 2018 年是 3.6%
财政赤字	和 2016 年的预算估计一致（3.5%）	和 2017 年的预算估计一致（3.2%）
预测期内的国内宏观经济/结构政策	没有明显变化	没有明显变化

注：1. 原油（印度篮子）代表了在印度的炼油厂加工的由酸度等级（阿曼和迪拜平均）和甜度等级（布伦特）原油加工而成的篮子，其比例为 71∶29。

2. 这里假设的汇率路径是为了生成印度储备银行的基线增长和通胀预测，在汇率水平上不表明任何"观点"。储备银行是由控制外汇市场的过度波动的需要指导的，而不是任何特定水平/波动区间的汇率。

3. 全球增长预测是基于 2016 年 7 月和 2017 年 1 月更新的国际货币基金组织世界经济展望。

其次，外汇市场经历了由国际形势引发的波动。2016 年 11 月 8 日至 28 日，受美国总统大选结果的影响印度卢比兑美元汇率大幅下跌。之后，卢比又逐渐收复了早前的失地，升值至 2016 年 10 月的水平（67 卢比 = 1 美元）。

最后，如预期的一样，全球经济增长和贸易发展缓慢。受益于美国预期的财政刺激，以及主要新兴市场和发展中经济体（EMDEs）近期宏观经济压力的强劲复苏，预计 2017 年全球经济增长和贸易发展的步伐将小幅加快。然而，在过去几年中全球经济增长一再让最初的预期落空。因此，2017/2018 年的国内经济前景仍面临下行风险。

三、印度货币政策现状

（一）通货膨胀

2015 年 11 月至 2017 年 2 月，通胀率降至显著低位，远低于 2016 年 10 月 MPR 的预测。然而，不包括食品和燃料的持续通胀，对通胀前景构成了挑战。此外，对于未来几个月的价格将会如何变化，还有相当大的不确定性。除了季节性因素以外，蔬菜价格下跌可能是由于"废钞"导致的销售低迷，再货币化可能会推动蔬菜价格的大幅逆转。这种发展给短期通胀前景蒙上了一份不确定性。

家庭形成通胀预期主要根据显著价格以往的波动，尤其是食品和燃料价格的波动。储备银行在 2017 年 3 月对城市家庭的调查显示，2017 年 12 月的通胀预期上升了 20—50 个基点，在一定程度上逆转了上一期（12 月）记录的2—3 个百分点的急剧下降。3 个月和 1 年之前，通胀预期分别为 7.5% 和 8.8%。大部分调查者预期一般价格水平将会增长的比当前的价格水平还要高。

全球石油、金属和其他大宗商品价格的上涨，使印度批发业通胀率最近飙升，给企业带来价格压力。储备银行在 2017 年 1 月至 3 月的工业前景调查中，调查的制造业企业反映出定价权预计将有所改善。制造业的劳动力成本预计在 2017 第一季度到 2018 年增加。2017 年 12 月—2018 年 1 月，农村地区的名义工资增长有所减速，部分原因是"废钞"。在 2017 年 3 月的日经指数采购经理人调查中显示，制造业和服务业企业的压力来自投入价格和产出价格。

根据储备银行 2017 年 3 月的调查，预计 2017 年第四季度到 2018 年，CPI 通胀率将从目前的水平上升至 5.3%。中期通胀率预期（未来 5 年）小幅上升了 10 个基点至 4.8%。长期通胀率预期（未来 10 年）保持不变仍为 4.5%，接近储备银行设定的 4% 的中期通胀率目标。

广义 CPI 通胀率将从目前（2017 年 2 月）的 3.7% 上升至 2017 年第一季度的 4.2% 和第二季度的 4.7%。基于"废钞"导致的基础效应，预计该数据将在第三季度小幅上升至 5.1%，随后在第四季度减少至 4.9%，风险均匀地平衡在这过程中（2017 年第四季度通胀 50% 置信区间范围为 3.4%—6.4% 和 70% 置信区间范围为 2.6%—7.2%）。结构式模型的预测表明，若货币政策的立场保持不变，则 2018/2019 年，在基线情景下通胀率将会以稳定的方式演变，并在

2018 年第四季度达到 4.6%。基线通胀路径存在三大上行风险：原油价格的不确定性；全球金融市场发展造成汇率波动，尤其是在政治风险出现的情况下；以及第七届中央工资委员会（CPC）将规定执行的房屋租金津贴。这些冲击对整体通胀的影响会在第三部分进一步说明。2017 年引入的商品及服务税（GST）给基线的通胀路径带来了一些不确定性，从跨国经验看，增值税的引入还与一次性但不确定持续时间的价格效应相关。

（二）经济增长展望

"废钞"的影响被证明是短暂和适度的，许多因素的综合作用，使得 2017/2018 年的前景变得更加光明。

首先，随着"再货币化"步伐的加快，被"废钞"抑制的可自由支配消费支出预计将从 2016 年第四季度开始上升，并在未来几个季度内保持增长势头。尽管富勒传导的作用会受到银行资产负债表压力和银行信贷需求疲软的阻碍，但由于经常账户和储蓄账户（CASA）存款大量流入导致的银行贷款利率下调，也可能有助于经济复苏。

其次，在 2017/2018 年的国家预算中，多项措施有望刺激经济增长：增加资本支出；促进农村经济和经济适用房；GST 计划的推出；以及通过废除外商投资促进局（FIPB）等来吸引外商直接投资（FDI）的举措。

再次，全球贸易和产出预计在 2017 年和 2018 年会以更强劲的速度扩张，这将缓解外部需求对国内经济增长前景的制约。然而，如果全球大宗商品的价格持续上涨，就会对印度大宗商品进口和国内经济产生负面影响。

最后，经济活动的程度关键取决于西南季风到来的情况，尤其是考虑到 2017 年 7 月至 8 月发生厄尔尼诺现象的可能性较高。

储备银行 2017 年 3 月的调查中显示消费者信心有所降低。受访者对未来一年的经济状况、就业和收入前景不太乐观。

根据储备银行的工业展望调查，在 2017 年 1—3 月，企业部门的情绪有所改善。对未来生产、订单、出口、就业、财务状况、销售价格和利润率等方面的乐观情绪推动了这一改善。近几个月通过首次公开发行（IPOs）筹集的资金和向印度证券交易委员会（SEBI）提交的非正式招股说明书的数量都在上升，这些都表明了在未来的一段时间里对投资的乐观情绪。据 2017 年 3 月采购经理人的调查显示，从现在起一年内制造型和服务型企业的产出预计都将有所增长。

其他机构的调查则显示，对前几轮的乐观情绪有所下降。

表 2-2 商业预测调查表

时间	2017 年 1 月			
指数类型	NCAER 商业 信心指数	FICCI 总体 商业信心指数	邓白氏复合 商业乐观指数	CII 商业 信心指数
当前水平的指数	112.0	58.2	65.4	56.5
根据之前调查的指数	133.3	67.3	80.0	58.0
季度环比（%）	-16.0	-13.5	-18.3	-2.6
同比（%）	-14.0	2.6	-23.9	4.8

2017 年 3 月，储备银行的专业预测调查预计在服务业和工业增长的带动下，实际增长率将从 2016 年第四季度的 6.5% 上升至 2017 年第四季度的 7.6%。

表 2-3 印度央行的基线和专业预测者的中值预测 单位：%

财年	2016/2017	2017/2018	2018/2019
印度央行的基线预测	—	—	—
通货膨胀，第四季度（同比）	3.6	4.9	4.6
实际增值总值（GVA）增长	6.7	7.4	8.1
专业预测者调查评估（预估中值）	—	—	—
通货膨胀，第四季度（同比）	3.6	5.3	—
GVA 增长	6.7	7.3	—
农业和联合活动	4.2	3.5	—
工业	6.1	7	—
服务业	7.6	8.5	—
国内储蓄总额（占 GNDI 的百分比）	31.5	31.8	—
固定资本形成总额（占 GDP 的百分比）	27	28.8	—
货币供给（M3）增长	7.5	10.5	—
计划内商业银行的信贷增长	6	10	—
财政赤字总额（占 GDP 的百分比）	6.5	6.3	—
中央财政赤字（占 GDP 的百分比）	3.5	3.2	—
回购利率（终结期）	6.25	6	—
现金储备比率（终结期）	4	4	—

续表

财年	2016/2017	2017/2018	2018/2019
91 天国库券收益率（终结期）	6	6.3	—
10 年期中央政府债券收益率（终结期）	6.8	6.7	—
国际收支总差额（US ＄ bn.）	20.8	32.2	—
商品出口增长	2.8	5.9	—
商品进口增长	−2	7.1	—
商品贸易平衡（占 GDP 的百分比）	−5	−5.1	—
经常账户余额（占 GDP 的百分比）	−0.9	−1.2	—
资本账户余额（占 GDP 的百分比）	1.8	2.4	—

数据来源：印度央行的估计和专业预测者调查（2017 年 3 月）。

鉴于基线假设和快速的"再货币化"节奏，调查指标和更新模型预测：当风险均衡地分布在基线路径时，实际 GVA 增长将从 2016 年第三季度的 6.6% 和第四季度的 6.5% 提高到 2017 年第一季度的 7% 和 2017 年第二到第四季度的 7.4%—7.6%。假设 2017/2018 年的季风正常、全球环境适宜、没有政策导致的结构性变化和供应冲击，结构性模型估计 2018/2019 年产量的实际 GVA 增长将达到 8.1%。

（三）风险平衡

上一章给出的增长和通货膨胀的基线预测是基于表 2-1 中提出的假设。这些假设通常存在不确定性，这些不确定性会使基线预测产生偏差。本章将评估增长和通胀预期基线路径的敏感性，并将其作为可替代的方案。

1. 国际原油价格

OPEC 成员国在 2016 年 9 月就减产达成协议的声明遭到了质疑。11 月底正式签署了协议，并导致全球原油价格大幅上涨。如果 OPEC 在 2017 年 5 月下一份评估报告之间坚持减产 1.2 千桶/天，全球原油产量平衡将在 2017 年第一季度变成赤字水平，原油轨迹高于基线估值的上行风险将会加剧。由于地缘政治的发展，任何供应中断都可能加剧这些上行风险。假设在这种情况下，原油价格上涨到每桶 60 美元左右，那么通胀率可能会上升 30 个基点左右，而经济增长可能会下降 10 个基点左右。

相反，如果一些 OPEC 成员国不遵守减产协议，或者页岩气生产商继续提高产量，那么全球油价可能会走软并低于基线。在这种情况下，原油价格到 2017/2018 年将下滑至每桶 45 美元左右，通胀可能会温和地下降约 15 个基点，经济增长增加约 5 个基点。

2. 全球需求

基线情景假设全球经济将在 2017 年和 2018 年加速增长。基线的风险可能来自：（a）美国的财政扩张低于预期或延迟；（b）美联储货币政策对扩张性财政政策的反应比预期的强烈，最近的一份评估显示美国经济正处在"全面就业"；（c）普遍存在的贸易保护主义者影响了全球贸易；（d）对中国信贷周期的持续担忧；（e）不稳定的全球原油和大宗商品价格；（f）所有这些因素对国际金融市场的影响。反馈循环可能会夸大这些因素对全球增长的影响。

假设 2017 年和 2018 年的全球增长与 2016 年的情况相同保持不变，即比基线假设低 30—50 个基点，实际的 GVA 增长和通胀率可能会分别比基线低 20 个基点和 10 个基点。

如果美国的政策刺激大于目前预期，全球经济活动的步伐可能会加快。在这种情况下，假设全球经济增长为 50 个基点，那么国内经济增长可能会比基线高出 25 个基点。在国内需求上升的背景下，通胀率可能会上升约 10 个基点，同时也会推动全球大宗商品价格上涨。

3. 第七届中央工资委员会津贴

2016 年 6 月 30 日，印度内阁批准了第七届中央工资委员会提议，增加基本工资的 8%—24% 的住房租金津贴（HRA）。住房价格上涨，HRA 会更高，这将会对整体 CPI 产生直接而快速的影响。假设 HRA 增加计划从早期 2017 年初开始实施，一个季度之后各邦政府执行类似的增加计划，CPI 通胀可能会高于 2017 年基线 100—150 个基点，HRA 对通货膨胀的影响预计将持续 6—8 个季度，峰值效应大约在实施后 3—4 个季度内实现。此外，通胀预期升高可能会产生间接影响。

4. 汇率

美国总统大选后国内外汇市场波动性加剧，全球的负面影响可能使全球金融市场出现新动荡的风险，并会导致国内金融市场相应的波动，这些对印度经济而言都是迫在眉睫的危险。如果印度卢比相对于基线假设贬值 5%，通货膨胀在 2017/2018 年将增加 10—15 个基点。然而，印度卢比贬值会刺激净出口增长，对 2017/2018 年的经济增长产生有利影响。相比之下，全球宏观经济和金融环境的良性发展、国内经济增长预期的加速以及吸引外资流入的政策举措，都可能导致本币升值，并对国内通胀带来舒缓的影响。印度卢比相对于基线假设升值5%，可使2017/2018年的通胀降低10—15个基点。

5. 季风不足

印度农业对降雨依赖使整个经济容易受到季风的影响。基线场景假设有一个正常的西南季风。然而，如前所述厄尔尼诺现象出现的可能性不断上升，抑制了农业生产的前景。假设农业和其相关活动产量增长一个百分点，那么在2017/2018年总GVA增长可能会降低20个基点。随之而来的食品价格上涨可能导致整体通胀率基线水平高30个基点。总之，2017年的经济活动在快速货币化和政府对资本支出、农村经济和住房建设的关注下复苏。尽管存在一些不确定因素，但全球经济形势将会逐渐趋好。预计在2017/2018年印度整体通胀会上升，印度央行需要保持警惕，并准备适当的货币政策应对措施。

（四）金融市场情况

印度国内金融体系的不同市场部门对国内情况作出了不同程度的反应，直到9月中旬全球溢出效应的影响相对可控。2017/2018年上半年，货币市场的流动性过剩、债券和股票市场的高估值，以及外汇市场的上行走势和信贷市场低迷的情况继续交织存在。

1. 货币市场情况

由政府前期支出造成的流动性过剩，使得近期大部分时候，需要经常依赖于放款（WMAs）和透支（ODs）的方法，并使2017/2018年上半年的隔夜货币市场利率产生了下行的倾向。2017年4月，流动现金调节机制（LAF）走廊从 +/-50个基点缩小到 +/-25个基点，活跃的流动性操作逐步减少了，缩小了 WAIR 和政策利率之间的差距，从4月的31个基点下降到了9月的13个基点。印度储备银行外汇业务的流动性影响以及定期赎回的 G-secs 计划相结合，这些自发的现金流抵消了"再货币化"的流动性紧缩影响。

货币市场利率基本适应了 LAF 走廊的缩小。实际上，在短期拆借市场的交易量上没有看到任何影响。从以往经验看，WAIR 的波动性在货币政策传导方面的作用相对较弱。

其他货币市场利率的交易情况与 WAIR 基本一致。考虑到流动性获取简便和信贷需求不足，银行减少了对定期存单的追索权。在2017/2018年上半年，新发行的定期存单规模为 13020 亿卢比（截至 2017 年 9 月 1 日），而在 2016/2017 年，这一发行规模为 15180 亿卢比。2017 年 5 月，CPI 通胀低于预期的情况下，货币市场利率与宽松货币政策相互影响，尤其是在二级市场。自 2017 年 5 月 12 日以来，3 个月的商业票据（CP）、3 个月的定期存单和 91 天期国债（t–Bill）的利率分别下降了 15 个基点、20 个基点和 20 个基点。在 2017 年 8 月回购利率被下调后，3 个月期的定期存单和 91 天的国债利率分别下降约 10 个基点和 5 个基点，3 个月的商业票据利率小幅上升约 4 个基点，表明市场已经消化了回购利率下调的预期。

2. 政府证券（G–sec）市场

由于通胀较低，外国持股投资者的持续需求以及货币政策委员会（MPC）在 2017 年 8 月将回购利率下调 25 个基点，因此 2017/2018 年上半年的大部分时候，政府证券的收益率普遍走软。然而，由于 8 月的通胀率高于预期，政府证券的收益率变得逐渐强势，美联储在 2017 年 9 月 20 日的沟通中表明 2017 年很可能会上调利率，并从 2017 年 10 月开始将资产负债表正常化。为了提振经济和影响收益率，财政刺激可能会增加国内的财政赤字，市场对此产生了担忧。

由于市场可能会利用市场稳定计划（MSS）和印度储备银行的公开市场操作（OMOs）来吸收过剩的流动性，政府债券的收益率在 4 月初上升了 12 个基点。然而，5 月的两个事件导致了收益率的大幅走软。一是 2017 年 5 月 12 日，10 年期印度政府证券（NI GS 2027）以 6.79% 的新基准利率被拍卖，超额认购率为 6.61，投资购买热情高。二是 CSO 在 5 月 12 日发布的 CPI 数据，显示出 2017 年 4 月整体通胀趋缓。6 月，由于 2017 年 5 月的整体通胀率下降，政府债券的收益率进一步走软。

印度 CPI 通胀指数在 2017 年 6 月达到历史低位 1.5%，加上季风情况的正常，进一步提振了政府债券市场的人气。然而，随着 7 月 CPI 通胀上升，预期逆转，8 月尽管回购利率下调了 25 个基点，但收益率开始逐渐走强。

国家发展贷款的借款利差和各邦的财政赤字和债务状况之间没有明显的关系。2017/2018 年上半年，国家间的平均利差在 9 个基点以内，而 2015/2016 年和 2016/2017 年的平均水平为 7 个基点。成本因素大大降低了邦政府对国家小型储蓄基金（NSSF）的依赖。在第 14 届印度财政委员会（FC）的建议下，从

2016/2017 年开始所有邦（不包括 4 个邦①）允许被排除在 NSSF 融资机制之外。市场借款可以以相对较低的成本筹集，特别是当市场不以各自的财政赤字和债务来区分州的时候就会增加，其中包括对 NSSF 债务的清偿能力。

3. 企业债券市场

2017/2018 年上半年，公司债券收益率走软。5 年期 AAA 级企业债券收益率持续下降，然而，在 6 月底和 7 月初出现了偶尔的峰值。5 年期 AAA 级公司债券的利差相比 5 年期政府债券下跌了 56 个基点，这可能反映出，在 2017 年 5 月 4 日颁布的银行监管条例（修正案）下，人们预期银行将面临更大的资产处置压力。2017 年 4—8 月，公司债券市场的日均成交量是 732 亿卢比，与上年同期相比，增加 257 亿卢比。

截至 2017 年 4 月，通过初级市场企业债券发行规模增长了 7.1%，达到 27700 亿卢比，而一年前为 25880 亿卢比。在私人企业债券市场上调动的全部资源中，私人配售占 98.6%。

截至 2017 年 9 月 28 日，公司债券的外国组合投资（FPI）从 2017 年 3 月底的 1.86 万亿卢比增加到 2.42 万亿卢比。其结果是，在 2017 年 3 月底，批准限额的利用率从大约 76% 上升至 99.2%。2017 年 9 月 22 日，印度储备银行宣布，从 2017 年 10 月 3 日起，将取消境外发行的马卡拉债券或卢比计价债券的企业债券投资限额。这将为 FPIs 在公司债券的投资上提供额外的空间。截至 2017 年 9 月底，马卡拉债券的总投资为 4400 亿卢比。卢比稳定的汇率、美国政府政策的不确定性，以及市场对美联储更为渐进的"正常化"的预期，增加了印度债券的吸引力。

（五）货币政策的传导

大量的经常账户和储蓄账户（CASA）存款流入银行系统后，使银行的资金成本大幅下降，并帮助加强了货币政策对贷款利率的传导。尽管在"废钞"之前，传导率相对较强，但基于贷款利率（MCLR）的边际成本的传导，在"废钞"后获得了显著的吸引力。

银行团体方面，在未偿还的卢比贷款比新的卢比贷款方面，加权平均贷款利率（WALR）仍高于边际成本贷款利率，表明未偿还的卢比贷款利率是不完

---

① 德里、中央邦、喀拉拉邦和阿都拉邦。

善的，因为他们的合同成本相对较高且大部分传统的投资组合都与基准利率挂钩。鉴于银行的资产负债表疲弱，各银行在基础利率调整方面也出现了分歧，以维持传统资产组合的利润率。自 2014 年 12 月以来，银行的基准利率中值仅下降了 75 个基点，而政策回购利率累计下降了 200 个基点，这似乎表明，在推出边际成本贷款利率之后的整个贷款账项传输速度的加快还没有实现。总体而言，自 2015 年 1 月以来，政策利率下调 200 个基点，导致在边际成本贷款利率机制下卢比贷款利率下调了 193 个基点。然而，对未偿还的卢比贷款的传导依旧温和，仅为 125 个基点，这表明银行仍有进一步降低其传统资产组合利率的空间。未偿还的住房贷款的加权平均贷款利率与一年期边际成本贷款利率中值和基本利率接近，这表明银行对此类贷款收取较低的利差。这可能是为了降低该行业的信贷违约率，以及来自非银行机构的竞争。

竞争的影响也进一步传导至大产业中去，得到了明显的体现，大产业可以获得各种来源的资金，包括公司债券市场。例如，评级较高的公司债券收益率一直保持在边际成本贷款利率之下。自 2017 年 7 月 31 日以来，几家银行降低了储蓄银行存款利率，打破了"联营式利率制度"的僵化，这使得储蓄存款利率对货币政策的变化趋势高度敏感，即使在 2011 年 10 月之后银行可以完全自由地设定利率。考虑到经常账户和储蓄账户存款在总存款中所占的比例很高，基于不断变化的市场清算条件和货币政策立场的转变，灵活地重置储蓄存款利率，对于在资产方面的价格设定行为具有更大的灵活性。小额储蓄的利率通常高于定期存款利率，以及没有根据政府公布的公式进行调整，这种竞争也限制了货币政策的传导。

自 2016 年 4 月从基准利率转向边际成本贷款利率机制以来，货币政策传导的总体经验并不完全令人满意。因此，如在 2017 年 8 月 2 日的发展和监管政策声明中所指出的那样，印度储备银行的一个内部研究小组（主席：Janak Raj 博士），从改善货币政策传导的角度研究了边际成本贷款利率系统的各个方面。该研究小组于 2017 年 9 月 25 日提交了报告，报告指出内部基准如基准利率/边际成本贷款利率未能有效地传递货币政策。任意计算基准利率/边际成本贷款利率以及它们之间的利差，都破坏了利率设定过程的完整性。基准利率/边际成本贷款利率机制也与银行贷款定价的全球做法不同步。

（六）流动性条件和货币政策的操作程序

1934 年修订的《印度储备银行法》要求储备银行在启动操作程序的过程中

要将货币政策的执行和随时可能发生的变化联系起来。印度央行在 2017 年 4 月的货币政策报告中提出了利用常规和非常规手段来管理"去货币化"时期持续大量过剩流动性的方法。预计剩余流动性状况可能会持续至 2017/2018 财年，印度储备银行在 2017 年 4 月提供了关于流动性的前瞻性指导：

（1）变量逆回购拍卖，优先选择较长期的期限，作为吸收"去货币化"流动性过剩的关键工具；

（2）在 MSS 下发行规模达到 1 万亿卢比的国库券和有价证券；

（3）根据与印度政府达成的谅解备忘录（MoU），发行 1 万亿卢比的 CMBs，用于政府管理盈余；

（4）公开市场操作，把系统流动性水平保持在中立水平；

（5）微调逆回购/回购操作，以调节日常的流动性。

根据这个要求，印度储备银行在 2017 年 4 月和 5 月，拍卖了 MSS 下的 1 万亿美元的国库券（期限从 312 天到 329 天）。在 2017/2018 年第一季度，由于快速的"再货币化"，流通中的货币快速扩张导致了大约 2 万亿卢比的过剩流动性。然而，政府的前期支出和政府债券的大规模赎回抵消了这一影响。在 2017/2018 年第一季度，流动性的日均吸收量从 2017 年 3 月底的 31410 亿卢比增加到 45620 亿卢比（包括 LAF、MSS 和 CMBs）。

在第二季度，由于流通中的流通货币吸收了 5690 亿卢比，政府增加了市场流动性，从而使政府的市场流动性得到了增强。除了常规的 7 天、14 天和 28 天的可变利率逆回购拍卖，储备银行还进行了公开市场操作，吸收 6000 亿卢比（7 月、8 月和 9 月各 2000 亿卢比）。8 月政府的现金平衡状况有所改善，日净平均吸收量从 8 月第一个星期的 51260 亿卢比（包括 LAF、MSS 和 CMBs）下降到 2017 年 8 月底的 44170 亿卢比。随着 9 月中旬的税收外流，政府的现金余额增加到 13220 亿卢比。因此，到 9 月底，剩余流动性下降到 27710 亿卢比。传统和非传统的工具结合在一起，形成一种积极的流动性管理策略，这可能对避免形成通胀的潜在风险有很大的影响，无论是通胀还是紧缩。

在重新货币化的情况下，流通中的货币已稳步接近"去货币化"水平，达到约 88% 的水平（17.97 万亿卢比），这一水平在当前的"去货币化"阶段之前就已经达到了。展望未来，流动性过剩状况可能会持续到 2017/2018 年第二季度，这将测试储备银行的流动性管理框架的目标和政策，这也与货币政策的操作目的一致——WAIR，通过政策回购利率，使其他货币市场利率与之无缝衔接。股票和债券市场可能不得不应对来自海内外投资者情绪的波动。同样在外汇市场上，资本流动的前景和美元的可能走势，将与国内基本面和经常账户赤字相互影响，从而影响汇率的公允价值，并由此产生偏离。信贷增长的强劲复苏，取决于银行体系中不良资产的处置，国有银行充足的资本，以及私人投资需求的持续回升。为确定适合银行贷款利率的外部基准利率，应在银行利率设定过程中增加透明度，这也有助于提高货币政策的传导效率。

第三章　印度银行业发展情况

1947 年，印度摆脱英国长达 190 年的殖民统治宣布独立。独立之初，与中国经济改革从农村为突破口不同，印度经济改革围绕大城市工商企业展开。然而，由于当时大多数工商企业管理不善使得印度出现了经济危机，不少银行也出现了较严重的经营困难。为了保证对国民经济发展的资金的供应，印度政府于 1969—1980 年对一些商业银行实行国有化，建立了以中央银行——印度储备银行（RBI）为中心，国有银行公营部门银行为主体，多种机构并存的银行体系，对印度的工业化起步、消除贫困、抑制通货膨胀等起了重要作用。

近年来，历届印度政府不断加强经济与金融体制改革力度，使印度银行制度日趋完善。特别是 2015 年以来，莫迪政府继续推动经济改革深化，其经济改革主要方向包括：一是引导国内外资金流入基础设施建设等领域，改善经济结构；二是推动农业价格市场化改革，降低通胀水平；三是引导资金供给由国有银行转移至更高效的私营部门，提高资本配置效率等。这些政策取得了一定效果，促进了印度投资的增长并推动了通胀水平下降，有效地提高了印度的经济效率，促进了印度经济快速增长。

与此同时，印度央行也加快了货币政策调整步伐。2016 年 4 月 5 日，印度储备银行基于以下几方面因素决定下调基准利率 25 个基点至 6.50% 的水平：一是印度通胀保持低位运行。2015 年印度 CPI 保持在 3.7% 到 5.6% 的区间运行，已处在其 2% 到 6% 的通胀目标之内。二是目前印度投资相对不足。2015 年印度投资同比仅增长 5.3%，且投资占 GDP 的比重有所下降。印度储备银行认为，投资不足将影响印度长期的经济增长。三是印度政府的结构改革措施逐渐显现效果，从而缓解供给瓶颈，使通胀水平保持平稳。

经济金融政策的调整，使得卢比兑美元出现了持续贬值，有利于提升印度出口贸易竞争力。2015 年以来，卢比对美元总体呈贬值趋势，汇率从年初的 63.3 卢比/美元贬至年末 66.3 卢比/美元的水平，年内贬值 4.52%。但从实际有效汇率来看，2015 年卢比升值 1.26%。2016 年 2 月卢比对美元汇率曾一度走弱至 68.7 卢比/美元的水平，3 月末回升至 66.4 卢比/美元。

受外围环境不确定性增多影响，近期印度股市指数有所回落。2015 年以来印度主要股指 Sensex30（孟买敏感 30 指数，收盘）指数总体呈下行走势，从 2015 年年初 27507 点震荡回落至 2016 年 2 月末 22976 点的水平，累计下跌 16.4%。2016 年 3 月末，股指回升至 25341.86 点的水平。

一、银行业总体情况

1949 年，政府为促进和保障本国经济和工业独立、迅速发展，制定了三项优先目标：一是由国家对商业银行、货币发行局和外贸金融进行管制；二是通过各种途径动员大量资金支持农村经济发展，保证绿色革命取得成功；三是建立专业性中长期贷款机构，对工业企业进行参股。1949 年，将货币发行局收归国有；1969—1980 年分别对 14 家商业银行及其他商业银行实现了国有化；1982 年，对外贸金融实行国家管制，成立了进出口银行，创设了四家工业发展金融机构。至此，印度政府基本实现了预设目标。

1947 年独立之时，印度银行机构分为三类：印度帝国银行、股份制银行（包括股份制英国和印度银行）和外资银行。具有 97 家"计划内"私营银行、557 家"非计划"（小型）股份制私营银行以及 395 家合作银行。20 世纪五六十年代，由于大量银行倒闭，企业融资受阻，印度于 1969 年 7 月 20 日宣布将 14 家私营银行国有化，1980 年又将 6 家商业银行国有化。截至 20 世纪 80 年代，印度主要的银行机构基本上都实现国有化。而这又使得印度经济发展出现了金融抑制现象，即银行信贷不仅受到错综复杂的管理利率制约，还受到印度央行管理的信贷数量上限的限制。

2015/2016 财年，世界发达经济体不稳定性有所缓解，而新兴市场经济体（EMEs）的不稳定性却越来越突出。由于经济增长和信贷增长的放缓，以及企业和金融部门的压力加剧，大多数 EMEs 容易受到不断变化的外部融资条件的影响，造成严重的国内不平衡。

2015/2016 财年，印度银行部门面临着资产质量不断恶化的重大压力。国有商业银行的拨备大幅增加，利润增长下滑，导致印度银行部门资产收益率和净资产收益率都有所下降。

然而，得益于政府注资，以及重估储备、外币折算储备（FCTR）和递延所得税资产（DTAs）处理方法的改变，使得印度银行部门（包括公营部门银行）

的资本充足程度有所改善，且有望使印度的资本充足率框架与巴塞尔银行监管委员会（BCBS）的监管指南趋向一致。

2015/2016 财年，为完善现有的监管程序，减少公众对银行不良资产（NPA）的担忧，除了采取审慎监管措施外，印度监管部门进行了银行的资产质量审查（AQR）。AQR 前期在银行报送的减值水平和实际头寸方面带来了显著差异，故要求银行提高存款准备金。

虽然 AQR 旨在中长期内更好地识别不良资产，但资产质量审查在短期内对银行的盈利能力产生了不利影响。因此，银行部门的会计年报表明业绩较上年呈现持续恶化的趋势。

2015/2016 财年印度采取了若干监管和发展措施，旨在解决包括金融服务产品的违规销售和网络安全等在内的中短期问题，实现银行部门发展健全、充分竞争、普惠包容和客户友好的长期愿景。

二、印度无网点银行服务

无网点银行服务是指以金融服务代理人、自动提款机、互联网、手机等为媒介提供的银行服务。印度金融服务仅覆盖 58.7% 的家庭，其中城镇地区约 67.8%，而农村地区仅为 54.4%，全国约 40% 的成年人没有银行账户，仅有 14% 左右的成年人有银行贷款，金融普惠程度很低。通过发展无网点银行服务，可大幅提高金融普惠，该领域成为政府和央行大力发展的重要方向。

（一）印度无网点银行服务发展进程

无网点银行服务界定标准为：一是没有物理设施作为金融交易场所；二是银行卡、电话等作为客户身份识别标签，授权电子交易；三是交易基础是电子货币，而非现金；四是账户开设主体可以是银行和监管机构认可的非银行机构。

印度具有发展无网点银行服务的优势：政府积极支持、央行对该服务的优势和风险有清醒的认识、银行体系有一定的基础、手机行业发达、科技水平较高。

2005 年，储备银行大幅调整反洗钱和反恐怖融资有关政策，放松了对小额账户的居民身份识别要求，为无网点银行服务扩大了发展空间。

2006 年，印度储备银行允许商业银行设立业务代理人制度"Business Correspondents"，将银行业务延伸到网点外。2009 年，储备银行进一步放宽了限制条件，鼓励银行发展代理人制度，但从发展现状看情况并不如预计的乐观。

2007 年，储备银行公布两个重要报告，强调需实质性降低提供银行服务的成本。

2008 年，印度政府发布了《支付结算系统法》，储备银行在此基础上发布"储值型（Prepaid）支付工具指引"，其中明确规定移动网络运营商可以与银行搭建平台提供"移动钱包"业务，但对网络运营商参与该业务的范围严格限制在仅提供运营平台内。

无网点银行服务中，ATM 是接受度最高的服务方式。截至 2016 年，印度全国约有 10 万台 ATM，集中在城镇，未来将向更偏远、人口更稀少的地区发展。从银行角度，网点内单笔交易成本约为 200 卢比，但 ATM 单笔成本仅为 20 卢比；在客户角度，若不涉及现金存取，无网点服务显然更便捷。

（二）无网点银行服务监管框架

1. 机构监管

2006 年，储备银行将银行服务的机构监管放宽，除银行外的其他机构也允许提供银行服务。

2006 年 1 月，储备银行发布了"银行业务代理人指引"，允许代理人开展如下业务：识别借款人、收集和初步处理贷款申请、提供储蓄和现金管理及债务管理咨询、处理和向银行提交贷款申请、贷后跟踪管理、发放小额信贷、收取本息、吸收小额存款、销售小额保险和其他第三方产品、处理小额汇款和其他支付服务。银行对其代理人行为负责。

代理人机制是无网点银行服务的第一步探索，储备银行设定了一些限制条件，例如，代理人仅限于非营利机构、邮局、合作社等；银行不能由于客户使用代理人服务而额外收费。

2009 年 11 月 30 日，储备银行做出如下修订：允许银行对客户适当收取代理人服务费；将小超市、小药店、平价商店、个人经营的公共电话亭、个人经营的加油站、小型储蓄/保险公司销售、退休教师等纳入代理人范围；给予东北部偏远地区的代理人适当补贴及其他优惠政策。

2. 反洗钱/反恐融资监管

为防止洗钱和恐怖主义融资活动，需要对客户身份及资金来源去向进行识别。根据 2002 年颁布的《反洗钱法》，储备银行制定了商业银行"了解客户指导意见"和"反洗钱准则"。"了解客户指导意见"要求商业银行按风险对客户分级，余额低和周转少的客户风险相应较低。

2006 年，储备银行提议简化了解客户程序，账户余额低于五万卢比和年周转额小于二十万卢比的账户，持有人身份识别仅需一张本人照片和住址证明。

2009 年，储备银行发布了"印度储值型支付工具的发行和操作指南"，简化了储值型工具的监管程序，其中允许银行对客户进行"非面对面"身份识别。但储备银行对国际转账进行严格规定，需姓名、地址和账户原始证明文件。国内转账五万卢比以内一般不需要身份证明文件。

2009 年，政府开始推行唯一身份号码制度，即每个居民一个身份证号码，同时附加指纹，该制度可有效降低无网点银行服务中的客户识别风险。

3. 电子货币及类似工具的监管

2009 年以前，只有银行和其他金融机构可以发行信用卡、借记卡、储值卡等电子货币载体。2009 年 4 月，储备银行发布"储值工具指导意见"，规定储值型工具包括：芯片智能卡、磁条卡、网上钱包、移动账户和移动钱包、电子券。上述工具分为三类：第一类是封闭型工具，即只能在发卡方购买商品和服务，此类工具不归入支付系统；第二类是半封闭型工具，即有一定数量的商家或机构接受此类卡片，但不能提现；第三类是开放型工具，即可以在任何 POS机、ATM 使用，并可以提现。

储备银行规定，只有银行能发行上述三种类型工具，其中只有储备银行批准的银行可以开通电子账户和网上钱包，非银行金融机构及其他机构不能发行第三类工具。第三类工具的发行执行严格的标准，包括金额上限、有效期、资金用途、资金存取、利息支取等。

2009 年 8 月，储备银行允许银行外的机构发行手机交易的半封闭型工具，金额不能超过五千卢比，且只能用于购买商品和服务。

4. 支付系统监管

根据印度《支付结算系统法（2008）》，搭建支付系统需经储备银行审批，但设立支付机构不需要储备银行审批。根据该法，储备银行对支付工具、支付系统标准、系统参与者条件、储备银行内部设立的支付清算监管董事会章程等制定相应的规章制度和操作指南。

当前只有银行和邮局提供国内转账服务。根据 2003 年转账服务计划，下列机构可以接受国外转入账款：经授权的外汇交易商（以银行为主）、储备银行发放牌照的业务成熟外汇兑换商、非银行金融机构、国际航运协会批准的旅行社（汇款金额不低于 25 万卢比）。储值型支付工具一般不作为跨境支付工具，除非发行方为符合外汇管理法规定的支付系统成员。

为适应移动技术发展及其对支付活动的影响，2008 年 10 月，储备银行颁布"移动银行交易操作指南"，主要内容：只有印度境内的银行（且必须有网点实体）可开展移动银行服务、只有银行现有的客户可开通移动银行服务（即不对新增客户开放）、不可开展跨境和外汇汇兑移动银行业务、单日转账交易额不可超过五千卢比、单日购买商品或服务的支付金额不能超过一万卢比、开展移动银行服务的银行需提前获得储备银行批准。2009 年指南修订版将交易限额从一万卢比提高至五万卢比，取消对一千卢比以下单笔交易的加密规定。

（三）提供无网点存贷等银行类服务的机构类型

1. 银行

储备银行对商业银行"优先部门贷款"（Priority Sector Lending）设定下限，商业银行为满足监管要求，不得不参与服务于农村、小微企业、低收入人群的微型金融服务，但出于商业成本考虑，商业银行较少直接参与，更多采用代理人模式。通过代理人为客户开立账户、支付财政补贴、开展其他支付服务。

2. 非银行金融机构

大型非银行金融机构倾向于借助代理机构和科技手段提供存款和汇兑服务，但根据监管要求，大部分非银机构不能吸收存款，少数能吸收定期存款。一些非银机构开始考虑通过非政府机构作为非营利业务代理方为低收入人群提供金融服务，可扩大金融服务面，但此类探索性项目开展并不顺利。

3. 非政府机构 NGO

根据监管要求，NGO 不能吸收存款，但在为低收入人群提供金融服务方面，NGO 非常活跃。银行未来可能考虑通过 NGO 作为代理人，扩大服务面。

4. 互助组（Self – help Group）

利用互助组作为代理人在监管上可行，安德拉邦将开展此类试点。

5. 邮局

邮局不能提供贷款服务，但允许邮局作银行代理人，邮局的基础设施得以更好利用，目前已经有几家商业银行开始使用邮局代理模式。

（四）提供无网点支付类服务的机构类型

1. 邮局

邮局在印度国内转账系统占主导地位，全国近 400 个邮局开通了网络转账服务"实时转账"，近 2500 个邮局与西联汇款联合开展 185 个国家 2500 美元内的快速国际汇兑服务。

2. 移动运营商

2009 年 11 月，储备银行放开对移动运营商进入支付领域的限制，允许商业银行采用移动运营商作为其业务代理人，未来这一领域还将进一步放开。运营商 Airtel 曾试图作为银行终端开展支付业务，但未最终实现。其他运营商如 Elenor、Vodafone 等积极筹备，等待监管规则改变和市场条件成熟。

3. 科技公司

科技公司已涉足支付服务，规模较大的如 FINO 公司与非营利机构 Fintech Foundation 合作，后者作为银行的业务代理人，而 FINO 提供技术支持，目前已代表 14 家银行和邮局开设了 1000 万个银行账户。另一家科技公司 A Little World 与非营利伙伴 Zero Mass Foundation 以同样模式开设了 700 万个银行账户。然而此类客户账户余额和交易频率低，FINO 报告称账户平均余额仅为 100 卢比左右，每月平均交易量 1.5 次。总体上该模式发展规模小，在发挥银行代理人作用方面远未达储备银行预期。

4. 邦政府

拉贾斯坦邦政府与旁遮普国家银行（Punjab National Bank）联合启动 Bhamashah 项目，专门处理大规模社会性支付。由于邦政府积极推动，两个月内开户数达四百万。由于邦政府机构调整原因，该项目暂停但必定会重启。鉴于此次成功实践，旁遮普国家银行希望在其他邦开展同样合作模式。然而从规模上看，支付结算量仍然较小。

5. 储备银行

储备银行正与商业银行一起开发新的全国支付系统，该系统有望新增银行业务代理人接口，使代理人能通过该系统扩大其代理的商业银行范围。

（五）印度政府加强基础设施建设

1. 银行间移动支付联网

支持不同银行之间的手机支付功能，以手机支付为媒介，将所有银行的全部网点联网，充分利用网点资源。

2. 唯一身份识别

统一身份识别标准，个人赋予唯一"身份证号码"，提高识别客户身份环节的效率，减少无网点金融服务中客户身份识别问题。

3. 财政补贴向电子支付系统建设倾斜

2012 财年预算中将公共财政补贴 125 亿美元从其他领域转移至支付系统建设，推动扩大无网点银行服务结算量。

偏远地区由于缺乏银行网点，为移动支付发展提供了空间。2010 年储备银行放开了移动网络运营商进入支付领域的限制，此后 Airtel、Vodafone、Idea 三大运营商开始与银行联合搭建移动支付平台。科技公司也积极参与移动支付领域，目前开展业务的有 FINO、Eko、A Little World、Nokia/Obopay 等科技公司。此外，快销品公司也开始通过其分销网络搭载金融服务，例如 Hindustan Unilver、Bayer CropScience、ITC 等公司。

在政策层面，政府和储备银行仍将银行服务放在主导地位。

1. 消费者所有权

监管规则保证了银行在客户关系中的主导地位，金融服务代理人需附属与某一家银行而非其他机构，只有银行可以向终端客户收取费用。

2. 公共基础设施接入权

只有银行可以接入跨银行付款系统 IMPS，政府向个人的转移支付也需通过银行账户转账。

3. 电子货币发行权

监管规定保证了只有银行才能开设预付账款账户（Prepaid Account）和其他具有储值性质的账户，从而杜绝了银行外机构通过开设此类账户提供电子货币的可能。

4. 发展代理人业务权利

监管规定代理人的代理点只能在银行分支机构半径30 千米内（2009 年 4 月前为 15 千米），限制了网点数量少的银行发展代理人业务。

三、印度小额信贷发展

（一）印度小额信贷的发展历程

印度小额信贷的发展和印度的经济状况紧密联系，随着印度社会的变化而发展。

1. 20 世纪之前的传统民间互助组织

世界上几乎所有国家都有各种形式的小型非正式的民间借贷组织，这种小型的民间资金互助形式历史悠久，根植于当地，具有浓烈的草根色彩。在印度最普遍的有轮转储蓄信贷协会 ROSCA（Rotating Saving and Credit Association）和银会（Chit Fund）。

轮转储蓄信贷协会又称"合会"，它是协会内部成员的一种共同储蓄活动，在成员之间轮流提供信贷，是成员之间的民间信贷和资金互助，同时涉及了储蓄服务和信贷服务。这种民间信用方式已有很长的历史，具有广泛的群众基础。"合会"在世界各地都有广泛分布，如西非和加勒比海地区的"Susus"，韩国的"Wichingye"，印度尼西亚的"Arisan"，柬埔寨的"Tontines"等。

2. 20 世纪初至 20 世纪 60 年代农村合作社的建立和发展

20 世纪初，印度的殖民地和英国政府矛盾开始激化，印度的农村地区不堪高额赋税和高利贷的双重盘剥，多次发生骚乱，农村地区的矛盾激化。英国殖民地政府不得不颁布了《合作社法》（*Cooperative Societies Act*）这一法令来平息民怨，规定城乡可以建立多种信用合作社。印度的农村合作社从此建立起来。殖民地时期农村合作社在为农民提供小额度生产性贷款方面起到了一定作用，成为正式机构向农民提供小额信贷的开端。第二次世界大战期间，由于农产品价格升高，农村信用社获得快速发展，不仅能够偿还政府的贷款，自身也得到了发展壮大。

1950 年印度共和国正式成立后，印度政府制定和实施了发展经济的第一个五年计划，鼓励和支持在农业和手工业部门建立尽可能多的农村合作社。1954年，印度农村债务委员会针对农村信贷合作社的发展提出了一系列建议，建议政府成立各种发展基金，为合作社提供各种优惠贷款，加强对信贷合作社的资金支持。在印度政府的支持下，印度农村合作社发展成为功能比较齐全，结构较为完善的组织体系，并形成了专业化分工，包括信贷合作社、生产合作社、加工合作社、销售合作社等各种类型。其中，信贷合作社分为村、县、邦三级，即初级农贷社、县合作银行和邦合作银行。邦合作银行从印度中央储备银行获得贷款，然后县合作银行提供资金，再由县合作银行向初级农贷社发放贷款。据统计，邦合作银行发放的贷款由20世纪50年代初期的4.2亿卢比增加到20世纪80年代初期的223.7亿卢比。

3. 20世纪70年代至20世纪90年代的"优先部门"贷款

1969年之前，印度银行由私人拥有和控制，普遍实行连锁董事制（Interlocking of Directorship），银行的董事大多数由大企业和大公司的股东兼任，银行的经济活动基本在大城市里进行，对农业和农村经济的发展基本没有任何贡献，而印度作为一个农业大国，农业在国民经济中起着基础性作用，银行在农村的长期缺位导致印度农村经济发展缓慢。在这种背景下，1969年，印度政府把14家最大的私营银行收归国有。1980年，印度政府又接管了另外6家私营银行，这使得国有银行在商业银行存贷总额中占了90%左右。1975年，印度政府还组建了地区农村银行。实行银行国有化之后，国家加大了对银行信贷调控的力度。政府规定国有银行必须将贷款总额的40%以上贷给"优先部门"，即农业、小型工业、小型商业等，其中贷款的10%必须投向农业及农业相关产业。

在具体政策的实施上，印度政府通过一系列扶贫项目来引导银行资金向农村地区注入，如农村综合发展项目（IRDP）、全国农村就业项目（NREP）和农村妇女儿童发展项目（DWRCA）等。然而，这些项目多数运行不佳，把银行发放的贷款看成是政府的补贴，造成了大量的拖欠。高额违约率也进一步打击了银行对农村小额贷款的积极性。因此，印度政府通过提高正规金融机构在农村地区的覆盖率来解决农村小额信贷问题的做法基本可以宣告失败。

4. 20世纪90年代小额信贷正式形成

20世纪90年代，借鉴格莱珉银行的经验，1992年印度国家农业和农村发展银行（NABARD）发起了"自助小组—银行联结"项目（SBLP），最初的实验项目经过一段时间的运作后取得了成功，因此印度储备银行决定在全国范围内推广这一模式，印度的小额信贷正式形成。现在印度的"自助小组—银行联结"项目已经成为世界上最大的小额贷款项目之一，印度的商业性小额贷款公司发展也非常迅速，吸引了大量的私募基金和风险投资。

（二）印度小额信贷的供给模式和发展现状

印度小额信贷自从20世纪90年代正式形成以来，已经走过了30年左右的历程，在这 30 年中，印度的小额信贷不仅获得了快速发展，而且形成了一套有印度特色的小额信贷供给模式。印度的小额信贷供给模式主要有两种：政府主导的"自助小组—银行联结"模式（SBLP）和商业性小额信贷机构的 JLG 模式（Joint Liability Group）。

政府主导的"自助小组—银行联结"模式（SBLP）。

"自助小组"是一个社会工作领域普遍使用的概念，其小组成员具有高度同质性，这种同质性表现在小组成员具有共同的问题而不是共同的身份或年龄等外在的特征，问题的共同性进一步导致目标的共同性，小组成员为了解决共同的问题而相互帮助。20 世纪 80 年代后期，印度农村和农业发展银行（NABARD）开始将自助小组作为一个向穷人提供小额信贷的有效工具进行研究。1992 年 NABARD 正式开展了自助试点，在两年时间实现 500 个自助小组和银行的联结，截至 1994 年 3 月，已经有 620 家自助小组成功实现了和银行的联结，标志着试点项目取得成功。1994 年，印度中央储备银行开始在全国范围内推广"自助小组—银行联结"项目。1998 年，印度储备银行公布了其计划到 2007 年通过 100 万个自助小组向 1/3 的农村人口提供小额信贷服务的目标。这一目标已经在 2004 年提前实现。

"自助小组—银行联结"项目中的自助小组一般由 10 到 20 个成员组成，非政府组织对小组进行帮助和辅导，鼓励小组成员的节俭和储蓄，以自助小组的名义在当地合作银行开立账户进行定期储蓄，这笔资金被称为小组基金。小组利用基金向小组成员提供贷款，以培养小组成员正确运用、管理和偿还借款的能力，为以后使用和偿还银行贷款做准备。经过半年的辅导期后，自助小组就可以获得银行的低息贷款，银行把贷款发放到小组，由小组通过讨论提供给组内成员，利率由小组自己决定，贷款最终是以小组名义偿还。小组内部的道德压力保证了小组贷款的高偿还率，因此也得到了银行的欢迎。这就是"自助小组—银行联结"项目，银行通过和自助小组的联结降低了其贷款的交易成本，自助小组成员则获得了以前根本不可能获得的贷款。在 SBLP 的发展过程中，非政府组织起了非常重要的作用。

统计数据显示，印度与银行联结的自助小组从 1999 年到 2008 年的增长明显，1999 年和银行联结的自助小组只有 33000 个，从 2003 年开始大幅度增长，到 2008 年 3 月，与银行联结的自助小组已经达到 3479000 个。从 1999 年到 2006 年，银行向自助小组提供的贷款金额也不断增加。1999 年银行向自助小组提供了 5.7 亿卢比的贷款，2006 年这一数字达到了 1139 亿卢比。

（三） 印度小额信贷供给官方机构和非政府组织的角色设定

印度小额供给体系中，官方机构、银行和非政府组织起到了非常重要的作用，在印度小额信贷体系中是不可或缺的重要组成部分。

印度小额信贷供给中的官方机构主要包括下属的各个部门以及向小额信贷机构融资的三大政策性金融机构。

1. 政府部门

从 20 世纪 70 年代开始，印度政府就开始实施一系列针对贫困人口的扶贫项目，但是这些扶贫项目基本完全由政府主导，从确定借款人到贷款和补贴的发放都由政府来执行，扶贫补贴资金是由中央政府—邦—地区—村逐级下拨的，由于一些政府机构的腐败和效率低下，实际发放到贫困人口手中的资金很少；即使发放到人们手中，人们的还款意愿也不强，而且造成了人们对贷款和补贴的依赖心理。因此，印度政府开始考虑采取参与式策略，不再直接介入贷款的发放，而是通过设计适合不同地区情况的小组项目，或者在原有的一些扶贫项目中采用小组贷款的技术，然后通过自助小组向成员提供贷款，以提高还款率和资金使用率。

规模较大的政府项目有：

农村妇女和儿童发展项目 DWCRA（Development of Women and Children in Rural Areas），这一项目要求妇女组成自助小组，每组最多 15 名成员，项目向每个小组提供 25000 卢比的初始资金，成员可以决定集体使用这笔资金或者按比例来对资金进行分配，前提是进行生产性活动。鼓励妇女们进行储蓄，并把储蓄作为小组的共同资金。DWCRA 项目同时还致力于对自助小组成员进行各方面的培训，包括生产所需的技能培训和文化知识教育。

SGSY 计划（Swaranjayanthi Gram Swarozgar Yojana），这一项目实际上是农村综合发展项目（IRDP）的改进版，改进的关键就在于采用了小组贷款技术。SGSY 在自助小组成立的三年或者四年之内会向小组提供每年 10000 卢比的资金，这笔资金将用于小组的形成和培育。SGSY 每半年会对小组的表现进行评估然后根据小组表现发放补贴性质的低息贷款。

CAPART（Council for Advancement of People's Action and Rural Technology），这一项目主要是对致力于服务农村地区的志愿组织 VOS（Voluntary Organizations）和社会组织 CBOS（Community Bosed Organizations）进行资助，以帮助这些组织对自助小组进行培训和教育，同时对那些还没有资格和银行进行联结的自助小组进行资助。

2. 三大政策性金融机构

印度政府还通过三大政策性金融机构对从事小额信贷的非政府组织和商业性小额信贷机构进行融资。

全国妇女信贷基金会 RMK（Rashtriya Mahila Kosh），成立于 1993 年，隶属于印度妇女和儿童发展部，RMK 的成立目的是"不是为了取代银行部门，而是为了填补银行信贷供给和穷人信贷需求之间的缺口"。RMK 的董事会一共有 16 人，成员包括印度中央政府和邦政府的官员、小额信贷领域的专家和从事小额信贷的非政府组织代表。RMK 的角色有三个：资金批发者、市场培育者和倡导者。资金批发者是指 RMK 向从事小额信贷的中介机构 IMOS（Intermediate Microfinance Organizations）提供批发资金；市场培育者是指 RMK 致力于培育小额信贷的供给市场，向那些刚成立的、经验不足的中介机构提供技术支持、员工培训和其他非资金支持；倡导者是指 RMK 通过倡导和宣传努力为小额信贷发展创造良好的政策和法律环境。

国家农村和农业发展银行 NABARD，成立于 1982 年，作为一家批发性发展银行（Apex Development Bank），其成立是向农业和农村地区的手工业等其他行业提供信贷支持。它是"自助小组—银行联结"项目的发起者和倡导者，在项目的发展过程中起到了促进者、资源供给者和信息与经验交流平台的角色。

印度小企业发展银行 SIDBI（Small Industries Development Bank of India）。印度是一个中小企业众多的国家，为了支持小企业的发展，印度通过了《印度小企业发展银行法》，并于 1990 年 4 月成立了印度小企业发展银行，根据法令印度小企业发展银行应作为"促进小企业发展、提供资金支持的核心金融机构，并协调相关部门的职能，更好地为小企业服务"。

印度小企业发展银行对中小企业发展和创新方面的资金支持共有 5 种方式。一是直接金融支持，即对小产业进行直接的资金支持；二是票据信贷支持，即对小产业提供中短期的资金贴现支持；三是间接融资支持，支持主要信贷机构向小产业提供贷款；四是国际融资支持，确保小产业能以优惠的汇率换取外币，以满足出口合同的要求；五是小额贷款支持，即建立由贷款金融机构组成的强大、持续而又可行的全国性网络，向贫困群体尤其是妇女提供个人贷款。

在支持小额信贷方面，印度小企业发展银行在 1999 年设立自己的小额信贷基金会 SFMC（SIDBI Foundation for Microcredit），SFMC 设立的目的和 RMK 一样，也是把自己定位于资金批发者的角色，后来 SFMC 认识到作为小额信贷中介的非政府组织实现可持续性的重要性，开始支持非政府组织向商业性小额信贷机构的转化。

3. 非政府组织（NGO）

印度非政府组织形成源远流长，早在英国殖民地时期就已经有了雏形，20 世纪 90 年代后期随着印度经济体制改革的进行，印度的非政府组织开始大规模发展起来。在小额信贷领域，非政府组织发挥了至关重要的作用。特别是在印度这个政府机构比较官僚和僵化的国家，非政府组织以其灵活性和高效的工作程序而受到人们的欢迎。

随着"自助小组—银行联结"项目的扩展，从事小额信贷的非政府组织也采取了不同的操作方法。有些 NGO 则把几个自助小组形成一个自助小组联盟，自己则作为自助小组联盟和银行的中介，自助小组联盟和单个自助小组相比，在小额信贷市场上更有议价能力和竞争力。

四、主要银行业机构

（一）印度储备银行

1. 印度储备银行的成立

印度储备银行是印度中央银行，它是根据希尔顿青年委员会（Hilton Young Commission）的建议，依据《印度储备银行法》于 1935 年 4 月 1 日正式设立。它最初的中央办公室建立在加尔各答，1937 年被永久转移到了孟买。印度储备银行最初为私有制，1949 年国有化以后已完全归印度政府所有。

根据《印度储备银行法》，印度储备银行的职能是"……监管银行票据的发行、维持外汇储备以确保印度的货币稳定；在一般情况下要在国家的信贷和货币体系中发挥其优势……"

2. 印度储备银行的主要职责

（1）金融管理局。

制定，实施和监测货币政策。

目标：在保持增长目标的同时保持价格稳定。

（2）金融体系的监管者和主管。

规定了银行和金融系统运作的银行业务的广泛参数。

目标：维护公众对系统的信心，保护存户的利益，并向公众提供具成本效益的银行服务。

（3）管理外汇储备。

监督并执行《外汇管理法》（1999 年）。

目标：促进对外贸易和支付，促进印度外汇市场的有序发展。

（4）货币发行。

发行、兑换或销毁不适合流通的纸币和硬币。

目标：向公众提供数量充足质量优良的纸币和硬币。

（5）促进发展。

为支持国家目标，开展广泛的宣传活动。

（6）其他职能。

政府的银行：为中央和邦政府履行政府性融资职能。

银行的银行：维护所有定期银行的银行账户。

3. 金融监督委员会（BFS）

金融监督委员会（BFS）成立于 1994 年 11 月，是印度储备银行中央董事会下属的一个委员会，其主要目标是对包括商业银行和非银行金融公司的金融机构进行综合监管。金融监督委员会（BFS）由中央董事会的四名成员组成，由州长担任主席，由负责银行监管和监督的印度储备银行副行长担任副主席。

金融监督委员会（BFS）通过审计小组委员会履行银行和其他金融机构的法定审计和内部审计职能，审计小组委员会成员包括委员会主席和两名董事。BFS 内设银行业监督局（DBS）、非银行监管部门（DNBS）和金融机构部门（FID），就金融机构监管以及相关问题提供指导。审计小组委员会可对金融机构现行的审计制度、法定审计人员的任命、法定审计报告的质量和覆盖面，以及在监督机构公布的账目中提高透明度等重要问题进行审查。

金融监督委员会（BFS）监管措施还包括：银行检查制度的重组、非现场监测、加强法定审计师的作用、加强监督机构的内部防范。

当前，金融监督委员会（BFS）的关注点：金融机构的监督、合并会计、银行欺诈的法律问题、对不良资产的评估、银行监管评级模型。

4. 银行的银行

作为银行的银行，印度储备银行履行健全银行间资金转移与银行间交易机制的职责。印度储备银行主要任务：一是促进银行间的平稳、快速和无缝的清算和结算，为银行提供一种有效的资金转移方式；二是使银行能够满足储备银行对法定准备金要求和维持交易余额；三是作为最后贷款人。

（1）为银行提供资金转移方式。

商业银行需要与储备银行建立维护账户，以作为储备银行的现金储备账户。此外，还需要与储备银行建立保持账户以解决银行间的债务问题，比如清算银行客户的交易，或者清算两家银行之间的货币市场交易，买卖证券和外币。

为了促进商业银行间平稳的资金转移或者支付清算，商业银行间需要一个清算行。储备银行成为这样的一个清算行，通过在储备银行地区办事处的储蓄账户部门（DAD）为商业银行提供清算账户开立的便利。

（2）储备银行作为银行的银行。

储备银行持续监控账户的运作，以确保不会发生违约。在其他条款中，储备银行规定了银行在这些账户中维持的最低余额。由于银行需要在印度的不同地方进行交易，因此它们可以在储备银行的不同地区办事处开立账户。储备银行还为银行从盈余账户到另一个地方的赤字账户提供资金汇款方式。这样的转移是通过一个叫做 e－Kuber 的电脑化系统进行的。储备银行账户的计算机化，极大地促进了银行对其在不同地点的不同账户的资金状况的实时监控。

此外，储备银行还引入了集中资金管理系统（CFMS），可从单一地点获取不同储蓄账户部门余额的信息，以此促进集中资金的调查和跨储蓄账户部门的资金转移，这极大地有助于银行对资金的管理。目前，有 75 家银行正在使用该系统，所有的储蓄账户部门都与该系统相连。作为银行的银行，储备银行在必要时提供短期贷款和预付款，以促进给特定行业特定用途的贷款。这些贷款是根据银行提供的本票和其他抵押品提供的。

（3）最后贷款人。

作为银行的银行，储备银行也扮演着"最后贷款人"的角色。在商业银行面临暂时的流动性问题，而没有人愿意向该银行提供信贷的情况下，商业银行的倒闭会影响到其他银行机构，并可能对印度金融稳定和经济产生不利影响。此时，储备银行可以向其提供急需的流动性，拯救这家有偿付能力的银行，以保护银行储户的利益，并防止银行可能倒闭。

（二）印度商业银行

印度的商业银行按所有权性质划分，有国有化银行、公共银行和私人银行。主要商业银行有印度国家银行（State Bank of India，最大的国有商业银行）、ICICI 银行（最大的私有银行，第二大商业银行）、旁遮普国家银行（Punjab National Bank，第三大银行）、卡纳拉银行（Canara Bank）、印度产业银行（IDBI）、HDFC 银行（私有）等。其中业务范围广、业务量大的是印度国家银行及其 7 家附属银行和 14 家国有化银行，这些银行加上公共银行，存款额占到 90% 左右。

1. 印度国家银行（SBI）

印度国家银行成立于 1806 年，是一家国有银行，是印度次大陆上最古老的商业银行，也是印度最大的商业银行。

印度国家银行由马德拉斯银行并入了英属印度、加尔各答银行和孟买银行的另外两家"总统银行"而成，并于 1955 年由印度政府接管而成为国有银行。2008 年，印度政府接管了印度储备银行所持 60% 的印度国家银行股份。

印度国家银行在印度商业银行的存款和贷款中占有 20% 的市场份额。该行可经营全面的银行业务，经办出口中长期信贷，买方和卖方信贷，并办理印度政府与外国政府间贸易协定的清算业务。在没有印度储备银行分支机构的地区，由其代理中央银行职能。印度对外银行业务的 1/3 由该行办理，在加尔各答、孟买、新德里、孟都拉斯设有分行，办理对外投资、出口信贷、咨询等业务。随着银行业趋向国际化，印度国家银行在世界一些重要城市设立分支机构，分布在伦敦、纽约、洛杉矶、多伦多、芝加哥、开罗、中国香港、东京、莫斯科等地，海外代理行达 2000 多家。印度国家银行的管理机构是董事会，负责向政府及中央银行提交资产负债表等业务报告。

2017 年 4 月 1 日，印度国家银行兼并了 5 家关联银行（比卡内尔和斋浦尔国家银行、海得拉巴的国有银行、迈索尔州银行、帕蒂亚拉州银行和特拉班克国家银行），以及印度 Mahila 银行。这是印度银行业有史以来第一次大规模的整合。合并后的 SBI 成为世界上最大的 50 家银行之一（资产负债表规模为 33 万亿卢比，员工 278000 人，客户 420 万人，超过 24000 个分支机构和 59000 台 ATM）。SBI 的市场份额预计将从 17% 上升到 22%。SBI 在 37 个国家拥有 198 个办事处，在 72 个国家有 301 个代理机构。截至 2016 年末，该银行在财富全球

500 强企业中排名第 232 位。该银行在利润额、总资产、存款额、分行数、雇员数等方面均为印度最大的商业银行，印度国家银行在全球 34 个国家拥有 180 家分支机构，资产超过 3592 亿美元。1997 年，印度国家银行在上海设立代表处，2006 年获准成立分行。2013 年 2 月 19 日，天津分行成立。

2. 印度工业信贷投资（ICICI）银行

印度工业信贷和投资公司成立于 1994 年。它是一家印度跨国银行和金融服务公司，总部设在印度的孟买。20 世纪 90 年代，印度工业信贷和投资公司从一家只提供项目融资的发展金融机构转变为一个多元化的金融服务集团，提供各种各样的产品和服务。ICICI 银行即为该集团下属子公司。

2017 年，按资产计算，ICICI 银行是印度第三大银行，市值排名第四。它为企业和零售客户提供广泛的银行产品和金融服务，通过各种渠道和专门的子公司开展投资银行、人寿、非人寿保险、风险投资和资产管理等业务。该银行在印度拥有 4850 个分支机构和 14404 台 ATM，并在包括印度在内的 19 个国家和地区设有分支机构。2017 年的雇员数为 84096 人。

该银行在英国、加拿大、美国、新加坡、巴林、中国香港、斯里兰卡、卡塔尔、阿曼、迪拜国际金融中心、中国和南非设有分支机构，在阿拉伯联合酋长国、孟加拉国、马来西亚和印度尼西亚设有代表处，在英国的子公司也在比利时和德国设立了分支机构。

ICICI 银行于 1998 年在印度公开发行股票，随后在 2000 年以美国存托凭证的形式在纽约证券交易所上市，成为首家在纽约证券交易所上市的印度银行。

2001 年，ICICI 银行以全股票交易收购了 Madura 银行，并在 2001—2002 年向机构投资者出售了额外的股份。

2002 年 1 月，印度工业信贷和投资公司与 ICICI 银行的股东批准了两家银行合并意向，2002 年 3 月在艾哈迈达巴德高等法院和 2002 年 4 月在孟买的高等法院，印度储备银行正式批准了合并协议。

3. 旁遮普国家银行（Punjab National Bank）

旁遮普国家银行成立于 1894 年，已经有 123 年的历史，是一家国有的跨国银行和金融服务公司。截至 2017 年 3 月 31 日，旁遮普国家银行（PNB）拥有 8000 多万客户，6937 个分支机构，以及 764 个城市的 10681 台 ATM。

旁遮普国家银行（PNB）在英国有一家银行子公司（PNB 国际银行，在英国有 7 家分支机构），在中国香港、九龙（中国）、迪拜和喀布尔设有分支机构，在阿拉木图（哈萨克斯坦）、迪拜（阿拉伯联合酋长国）、上海（中国）、奥斯陆（挪威）和悉尼（澳大利亚）设有代表处。

在不丹，旁遮普国家银行（PNB）持有 51% 股份的德鲁克 PNB 银行有 5 个分支机构。在尼泊尔，旁遮普国家银行（PNB）持有 20% 股份的珠穆朗玛峰银行有限公司有 50 个分支机构。在哈萨克斯坦，PNB 持有 84% 股份的 JSC（SB）PNB 银行有 4 个分支机构。

（三）印度普惠银行机构

20 世纪五六十年代，在缺乏有效的资本市场的情况下，印度像其他发展中国家一样建立了 DFIs。这些金融机构的资金来源多种多样，不仅接收像世界银行这样的多边外部援助机构，更多是来自国内债券市场、印度储备银行的再融资窗口以及政府预算储备。然而，在 20 世纪 90 年代，随着印度储备银行的再融资和政府预算储备的停止，以及不良资产的累积，DFIs 的发展从长远来看变得明显不可行，DFIs 运转步履维艰。例如，印度实业发展银行（IDBI）和印度工业信贷投资银行（ICICI）已被转型为商业银行；印度产业金融公司（IFCI）实际上停止营业；印度国家农业和农村发展银行（NABARD）、国家住房银行（NHB）和印度小企业发展银行（SIDBI）在很大程度上是在政府的支持下继续作为再融资机构。

大多数的合作银行机构倾向于在单一的一个邦经营，指定由印度储备银行的独立管理机构——注册商合作学会（RCSs）监督管理，印度储备银行与 RCSs 都对合作银行的管理和监督负有监管职能。这种监管体制以及频繁的地方政治干预阻碍了合作银行运作的有效性，也阻滞了其现代化的进程。截至 2015 年末，印度共有 1579 家城市合作银行和 94178 家农村合作银行。

地区农村银行（RRBs）作为印度跨邦的地方性银行机构，成立于 1975 年。它们由中央和邦政府共同拥有，并由公共部门银行资助。与合作银行不同，RRBs 被转型为商业银行，目的是发展农村经济。它们被认为是"合作信用社"的一个补充渠道，以便将信贷资金扩充到农村和农业部门。作为印度的普惠金融机构，由于存在高成本收入率与高不良资产等问题，RRBs 行业出现了大量合并。RRBs 的数量已从 1990 年的 196 家降至 2015 年的 56 家。

邮局储蓄银行（POSB）也是印度重要的普惠金融机构之一，其只提供存款和汇款设施，对账户持有人不提供任何信贷业务，因此，在吸收存款方面有重要的作用。截至 2015 年 3 月末，邮局储蓄银行（POSB）拥有约 3.3 亿个账户。在印度，普惠金融统计通常只计算银行账户，而忽视了对邮局账户的报道。

（四）印度开发银行

由于传统的商业银行结构和资金来源不能有效适应工业企业投融资的需要，印度政府为此设立了数家开发银行，作为印度工业长期资本的主要来源。开发银行的经营宗旨是向全国关键行业（通信、运输等）和优先发展地区提供中长期贷款。

印度开发银行包括：一是联邦一级的四大开发银行，即印度工业发展银行、印度工业金融公司、印度工业贷款和投资公司及印度工业复兴公司，它们的职责是提供工业基础设施和装备建设所需的资金。二是邦一级的 40 家开发银行，名称叫邦金融公司，主要负责向中小企业融资。

印度开发银行的一般业务：直接参与重大项目的投资，发放分期偿还的低息贷款（主要是优先发展的经济部门和地区），给予对外业务和困难企业以特殊的援助，提供技术、管理等方面的服务，困难企业和位于发展地区的项目还可享受优惠条件。四大开发银行发放的贷款通常占有关投资的 80%，偿还期为 8—10 年，也有长达 15 年的，优惠期一般是 2—3 年，利率接近 11%。

投资企业要得到开发银行的援助（即使是小型项目）必须取得印度政府相关部门的批准，领取工业许可证或意向书。贷款申请可交给四大开发银行中的任何一家，由它们自己协商产生有关项目的牵头人，负责审阅宗卷、与企业谈判。现行条例规定，从申请到银行作出决定的期限不得超过五个月。此外，开发银行可以将与企业签订的贷款合同转换成参与性债权证书。

印度四大开发银行简述如下：

1. 印度工业发展银行：成立于 1964 年，总部设在孟买，在加尔各答、马德拉斯、新德里、阿默达巴德和高哈蒂设立了 5 个地区局，是印度工业中长期贷款的主要发放机构。

印度工业发展银行职责是协调其他开发银行的活动，对它们实行某种形式的领导和监督，并且为发展采矿、陆运、空运和旅馆业的基础设施以及农业、食品工业提供资金。印度工业发展银行资金来源是公司股本（20 亿卢比）、联邦政府和中央银行的贷款与发行金融债券等。

2. 印度工业金融公司：创建于 1948 年，其经营宗旨是向企业提供 5—12 年的中长期不动产贷款。目前，印度工业金融公司 50% 左右的资本为印度工业发展银行所有，其余分属商业银行、保险公司和印度联合信托公司所有，可被看作是印度工业发展银行的一个分行。

3. 印度工业贷款和投资公司：于 1955 年由政府发起创建，资本总额为 5 亿卢比，大部分股份属于印度人寿保险公司和印度联合信托公司，但其不参与该公司的决策和管理。印度工业贷款和投资公司经常能获得主要国际金融机构和发达国家的巨额信贷，其主要目标是帮助私营企业筹集外汇资金，发行股票和债券，同时提供鉴定和担保服务。印度工业贷款和投资公司进口设备和专门技术的外汇贷款则与世界银行联合提供。

4. 印度工业复兴公司：于 1975 年成立于加尔各答，其经营目的是援助困难企业，并为其融通资金。印度工业复兴公司不仅资助困难企业，使它们顺利地进行整顿，而且还给予技术、制定策略（整顿或改建计划）、管理（控制成本集资计划）等方面有质量的援助。

（五）其他银行机构

印度进出口银行于 1982 年根据《印度进出口银行法》成立，主要从事出口贸易。自成立以来，印度进出口银行一直是促进跨境贸易和投资的催化剂和关键参与者。

起初，像世界上其他的出口信贷机构一样，印度进出口银行作为印度出口信贷的供应者，在印度合作行业，特别是中小企业中起着重要作用。印度进出口银行在技术进口、出口产品开发生产、出口产品营销、产品出口装运前、装运后以及海外投资等所有阶段为印度企业提供广泛的金融服务。

印度进出口银行由一个董事会管理，董事会有来自政府、印度储备银行、印度出口信贷担保公司、金融机构、公共部门银行和商界的代表。

该银行的职能分为几个业务小组，包括：

公司银行集团：负责为印度公司的出口导向单位，为进出口商和海外投资提供各种融资方案。

项目融资/贸易融资集团：负责处理供应商信贷、装运前农业业务集团等所有出口信贷服务，带头促进和支持农业出口。负责处理农业部门的项目和出口交易。

中小企业集团：负责处理中小企业的信贷建议。

出口服务集团：提供各种各样的咨询和增值信息服务，旨在促进投资。

出口营销服务：负责向印度公司提供援助，使它们能够在海外市场建立自己的产品。这项服务的理念是促进印度的出口。出口营销服务涵盖了广泛的面向出口的公司和组织。EMS 集团还负责项目出口和服务出口。

除此之外，支持服务小组还包括：研究与规划、财务和会计、贷款管理、内部审计、管理信息服务、信息技术、法律、人力资源管理和企业沟通。

（六）印度银行业出现的新问题

1. 印度银行业的比例问题

当前，印度银行业在本质上仍属国有性质，公共部门银行仍占全部银行业总资产的70%以上。最近的一份官方报告声称为了让银行拥有更多自治权，政府持股比例应降至 50% 以下，政府也不应该过多地参与银行治理（RBI，2014）。然而，在 2014/2015 财年，公共部门银行在总资产中所占的比重巨大，但在总利润中所占的比重仅为 42%（RBI，2015），低于 2003/2004 财年的 74%。

近年来，公共部门银行资产质量恶化问题已成为银行业的关键问题。早些时候，印度银行业的不良资产（GNPAs）占贷款总额的百分比已从 1998 年的 15% 降至 2009 年的 3.3%，此后到 2015 年末 GNPAs 一直稳步上升到了 5.1%。用一个更宽泛的定义来说，银行系统的压力资产（总的 NPA 加上重组后的标准资产和冲销账户）作为一个整体从 2012 年的 9.8% 上升到 2015 年的 14.5%。同期公共部门银行的压力资产从 11% 上升到 17.7%（Mundra，2016）。

有趣的是，近年来小型工业和农业贷款似乎并没有像过去那样在 NPAs 的构成中占最大比例，主要是基础设施和钢铁行业的资产质量不断恶化。因此，人们会问 NPAs 是如何在最近的几年里积累起来的。第一，在北大西洋金融危机之后，为了鼓励商业银行放贷，印度央行放松了信贷标准。这种现象用央行的说法叫做"监管宽容"。第二，在 NAFC 之后的一段时期，大宗商品价格的大幅下跌导致钢铁等行业的盈利能力大幅下降，这可能导致相关行业对银行的未偿债务问题。第三，政府通过公私合营制（PPP）强力推动基础设施投资，导致巨额新债务被高度杠杆化的印度投资基础设施的公司所承包。政府的压力加上私营部门对公私合营制基础设施项目的热情，可能导致银行偏离了严格的信贷评估和尽职调查。第四，有一些关于管理问题的指控，包括公共部门银行选择的管理以及政治干预的情况。因此，在某些情况下，放贷决定可能与标准信用评估过程和尽职调查相背离。

2. 普惠金融方面的问题

从 20 世纪早期开始，普惠金融在印度就一直受到关注。邮政储蓄银行、农村和城市合作银行、地区农村银行的设立和银行国有化，都是在不同的时间点上进行以促进普惠金融。尽管过去几十年成功地扩展了银行网络，但有证据表明，较贫困的社会阶层无法从有组织的金融体系中获得足够的金融服务。

印度在普惠金融方面的做法是多方面的。其中主要的一个基石是商业银行的"优先部门贷款"的规定。优先部门包括以下类别：农业、微型、中小企业、出口信贷、教育、住房、社会基础设施、可再生能源等（社会中较弱的部门之类）。印度商业银行必须将 40% 的贷款贷给优先部门。

拥有 20 家分支机构以上的外资银行，也必须在 2013 年 4 月至 2018 年 3 月，最多 5 年内按照它们提交的行动计划以及印度储备银行批准的情况，实现 40% 的总目标。此外，在 40% 的总目标中还有子目标。举例来说，18% 必须支付给农业部门，而 7.5% 必须支付给中小企业。

近期，优先部门贷款证书（PSLCs）的引入使银行能够在资金短缺的情况下，通过购买这些工具来实现优先部门贷款目标和次级目标。此外，商业银行的投资数量还可以根据 NABARD 运营的农村基础设施发展基金（RIDF）的缺口数量来确定。

普惠金融有许多维度，如收入、地区/省、种姓、性别、公司/家庭的经济规模以及经济活动类型等。农民自杀事件的发生也让人怀疑正规信贷传导机制的效力，以及小额信贷机构和自助组织的信贷支出的局限性。2013 年 12 月的印度债务和投资调查显示，2012/2013 财年非机构资金来源（信贷来源除了政府、银行、保险公司、养老基金、金融公司等）在提供信贷给农村家庭中继续扮演重要的角色，大约 19% 的农村家庭通过非机构来源获得信贷，而城市家庭约 10% 通过非机构中介。

事实上，最近普惠金融的改善可能与当局在确保普惠金融方面的积极立场有关。这些措施包括在商业银行开立免费或低成本的基本账户；引入专门针对农民社区的信用卡（Kisan 信用卡）；以及让商业记者（BC）成为提供金融和银行服务的中介机构。2014 年 8 月，政府的一项重大举措推出，即 Pradhan Mantri Jan Dhan Yojana（总理的公民理财方案），该方案如今已成为国家普惠金融使命的同义词。该方案计划普及银行设施，要让每个家庭至少有一个基本的银行账户。即除了获得信贷、保险和养老金等基本的银行服务外，受益人还将获得一张内置 10 万卢比意外保险的借记卡。PMJDY 措施实施到 2016 年 7 月，新增银行账户超过 2.3 亿个，预计储蓄 4000 亿卢比。

3. 金融领域的准入问题

新私营银行的设立有三方面的进展。首先，在没有获得新的银行牌照近 10 年之后，两家现有的金融机构于 2015 年获得了许可，成为综合性商业银行 ID-FC Ltd.（一家综合基础设施融资公司）和班丹金融服务公司（一个大型的小额贷款组织）。

尽管支付银行本质上是，可以提高存款到 10 万卢比和可以像储蓄银行账户一样对其余额支付利息的狭义银行（没有任何借贷活动），它们的基本商业模式倾向利用新移动技术和支付网关，可以实现通过手机转账和汇款，可以发行在所有银行的 ATM 网络可用的借记卡和 ATM 卡。

自 2015 年 8 月印度储备银行向 11 家银行发放牌照以建立支付银行以来，人们一直在猜测，此举是否会开启印度银行业的新时代。与此同时，小型金融银行获得了进一步的普惠金融的许可，主要是通过动员储蓄以及通过高技术低成本的操作向小型企业（小型和边缘农户、小微型企业以及其他无组织的部门实体）提供信贷。小型金融银行与普通商业银行是相似的，但它们的服务规模要小得多，小型金融银行 50% 的贷款额度小于 250 万卢比。小型银行牌照已发放给 10 个实体，其中大多数是成功的微型金融机构。预计新信息技术的使用将驱使这些新银行努力推动普惠金融。

许多这样的发展标志着与过去的不同。举例来说，与过去只向综合银行发放牌照不同的是，现在也向差异化的银行发放牌照。类似地，尽管有一项不向非金融行业的大型企业发放银行牌照的普遍政策，但支付银行的牌照也发放给了一些大型工业公司。理由是由于支付银行本质上是狭义的银行，不允许进行任何放贷，因此由企业内部贷款引发的利益冲突的可能性并不是问题。因此，这些规模较小但差异化的银行向前发展可能会对现有商业银行构成竞争挑战，因为它们可以获得转贷储蓄资金。相同的储户群中是否会有更多人将其小额零星存款从商业银行转移向这些小银行，或者它们是否会有效地提高系统的整体储蓄资金？支付银行的业务模式可能会面临一些挑战，因为它们的盈利机会将局限于政府证券的投资。

　　总体来看，近期印度银行业主要呈现以下趋势：第一，尽管商业银行在关键金融指标方面出现了全面改善，尤其是在资本充足率、资产质量和收益方面，但它们最近的趋势却引发了一些令人不安的进展。第二，合作银行结构的财务结果显示出一定程度的脆弱性，虽然它们可能不具有系统的规模（RBI，2009）。第三，金融领域的新进入者，即支付银行和小型储蓄银行在这一时刻都是未知数。第四，尽管对普惠金融的各种努力似乎都取得了成效，但仍有许多目标要达成。

第四章　印度金融监管情况

众所周知，印度自 1947 年获得独立之后，完全接收了英国殖民政府的一切机构以及行政管理体制，其中就包括金融体系及其管理制度。之后，印度政府不断对相关金融体系与金融管理制度进行健全与完善，使之逐步与印度经济社会相适应，形成了独具印度特色的金融体系与金融监管制度。总体而言，当前印度金融监管体制仍以分业监管为主，分别对银行、证券与保险进行监管。

一、对银行业的监管

银行是国家金融体系的核心，而印度储备银行在印度银行与货币市场监管中处于核心地位。1994 年 11 月，印度储备银行下设金融监管委员会（BFS）负责监管银行业机构；1997 年，金融监管委员会（BFS）分设银行监管部（DBS）和非银行监管部（DNBS）。印度储备银行在确保银行系统的安全与稳健以及维护金融稳定和公众对这一体系的信心方面发挥着关键作用。

（一）监管情况概述

1. 对商业银行的监管任务/目标：旨在保护储户利益、有序发展和开展银行业务、促进银行体系整体健康和金融稳定。

2. 印度储备银行的监管范围包括：商业银行、小型金融银行、支付银行、信用信息公司、地区农村银行和地方银行等。

3. 监管职能的演变：随着印度银行系统的发展和基于国际最佳实践的审慎规范的采用，监管职能也在不断发展。

4. 监管工具：用于监管的工具包括法规、审慎监管、其他监管指引，通过州长、副州长和定期会议、研讨会等演讲来进行道德劝说等。

（二）监管政策框架的重点

1. 为银行在印度开设分行签发"营业牌照"。

2. 管理外资银行进入和扩张，并批准印度银行在海外经营。

3. 政策的制定，审查和实施审慎规范及巴塞尔 Ⅱ 和巴塞尔 Ⅲ 框架，验证关于信贷、市场和经营风险的定量模型，进行压力测试、执行国际财务报告准则（IFRS），实施资产证券化。

4. 对银行的 SLR 和 CRR 的维持进行监控。

5. 批准在印度经营的私营银行的全职董事、兼职董事长和首席执行官的任命，以及他们的薪酬方案。

6. 监督银行的合并、重组和清算。

7. 与客户服务相关的政策问题。

8. 反洗钱和打击恐怖主义融资以及发布关于 KYC 的指示。

9. 金融机构的监管。

10. 根据预先批准收购私营部门银行的 5% 或以上股份或投票权。

（三）关于商业银行监管的近期举措

1. 构建一个多样化的银行系统

储备银行正努力建立一个更有竞争力、更有效率、更多样化的银行结构。它认为，多样化的银行系统可以以更有效的方式满足不同的客户需求。基于其覆盖范围、流动性、资本化和市场力量，不同的银行以不同的方式运作，它们将能够提供更广泛的客户服务，从而提高消费者的福利。对综合性银行、小型金融银行和支付银行的许可政策是建立一个多样化的银行体系的重要一步。

2. 综合银行的许可

根据 2013 年 2 月 22 日发布的《私营部门新银行牌照发放指南》，IDFC 银行有限公司和班汉银行有限公司两家银行获得了银行牌照。根据从这一许可实践中获得的经验，基于《私营部门综合银行许可指南》，2016 年 8 月 1 日印度储备银行已经开始接受综合银行牌照的申请。

3. 差异化的银行许可

2014 年 11 月 27 日发布了《小型金融银行和支付银行牌照发放指南》。根据这一指南，已经向小型金融银行和支付银行发放了银行许可证。这些银行是"小众"或"差异化"银行，共同目标是促进金融包容性。

4. 银行资本

印度的银行在 2019 年 3 月 31 日全面分阶段实施《巴塞尔资本协议 Ⅲ》，这将更接近于 2019 年 1 月 1 日达成的国际协议日期，而不是之前宣布的 2018 年 3 月 31 日。

5. 不良资产的管理

为确保对不良资产有效的管理，对银行发布了指导方针，其中涵盖了确保银行系统及早识别金融危机并采取迅速措施解决这一问题的必要性。

6. 对银行有用的特殊知识和实践经验

在银行和科技创新的背景下，为引导银行管理其多元化业务组合和风险，在商业银行董事会的各种法定条款中列举的特殊知识和实践经验的领域已经被拓宽了，包括：信息技术；支付与结算系统；人力资源；风险管理；商业管理。

7. 首席财务官和首席技术官资历和经验要求

鉴于银行和技术领域的快速创新，首席财务官和首席技术官将在加强和维持银行的风险治理框架方面发挥关键作用。因此，对这些职位新申请人，银行规定了资格和经验要求。

8. 任命银行首席风险官

为实现有效的风险管理，银行被要求将信用风险管理职能与信用制裁程序分离开来。为了将统一的方法和风险管理系统与最佳实践相结合，银行被要求制定一个董事会批准的政策，明确定义首席风险官（CRO）的角色和职责，首席风险官（CRO）不与业务垂直或业务目标有任何报告关系。在任何情况下，都不允许"双重任职"，即 CRO 不能再担任首席执行官/首席财务官/内部审计长。

（四）对表列商业银行①的主要政策措施

1. 加强监督管理，提高风险应对能力

一是出台新监管制度，防范应对信用风险、集中风险和流动性风险等金融风险。第一，2016 年 6 月 13 日，印度央行为大型财务重组推出了潜在不良资产可持续结构化处理计划，作为盘活不良资产机制中的一部分。第二，为了更好地估值、价格发现和创造一个充满活力的潜在不良资产市场，银行销售潜在不良资产的过程被进一步精简。第三，印度央行考虑到中小微企业在解决或者重

---

① 表列商业银行是指实际资本在 50 万卢比以上（包括 50 万卢比），在央行保持其定期或活期负债的最低百分比数，并向央行抄送周报的银行。因为它们被列入央行的银行表，所以称为表列商业银行。

组银行不良贷款时面临的困难，以及为了盘活不良资产，在与政府协商后于 2016 年 1 月 17 日颁布了一套独立的制度。

为完善现有的风险导向资本标准并提供一个控制集中风险的保障措施，2016 年 12 月 1 日颁布了"重大风险管理制度"，以降低银行源于交易对手或一群有关联的交易对手的风险。此外，2016 年 8 月 25 日颁布了一个补充制度来阻止大型借款人仅依靠银行借款来满足资金需求，控制整个银行体系的集中风险。

作为流动性风险管理的一部分，2015 年 5 月 28 日制定了净稳定资金比率（NSFR）准则草案，衡量银行在较长时间范围内的资金弹性。预计这将限制银行对短期批发融资的依赖，并促进流动性资金的稳定。2016 年 6 月 22 日，印度央行发布了关于交易对手信用风险和中央对手方场外衍生交易敞口的准则草案。

二是合理优化私有银行的股权限制，扩大银行开放度。私有银行的所有权限制被合理优化，便于额外资本流动，以满足《巴塞尔资本协议Ⅲ》的资本监管要求。对自然人（个人）和法人（实体/机构）规定了单独的所有权限制，且为多元化的法人金融机构提高了持股比例限制。自然人和非金融机构的持股比例上限为 10%，非管制、非多样化和非上市金融机构的持股比例上限固定在 15%，受管制、多样化和上市/超国家机构/公共部门企业/政府金融机构的持股比例被提议限制在 40%。

2. 完善监管措施，妥善处理监管重点

一是开展资产质量审查。为了集中关注跨银行大型借款账户的资产质量，2015/2016 财年进行了资产质量审查。审查广泛结合使用非现场数据和其他数据，并将这些贷款资产的质量与适用的央行准则进行比较。银行被告知审查的状况，并被建议适当调整其会计报告中的减值。

二是完善大额信贷信息中央存储库（CRILC）相关报告制度。CRILC 已被证明是有效的非现场监管的重要工具。通过修改完善其关于外部评级和行业的报告机制，努力进一步提高 CRILC 数据的质量。此外，资产转化为不良资产和特别提款账户（SMA）的日期被记录在数据库中，以深入了解潜在不良资产账户的历史变化过程。

三是开发小型银行的风险导向监管模型。在 2016/2017 财年监管周期内，随着表列商业银行（不包括地区农村银行和地方银行）的发展进一步扩大了风险导向监管（RBS）的范围，这有助于及时识别监管重点及应对措施。2015/2016 财年监管周期中，在保留主要模式的基本概念和原则的基础上，为作为分支机构且业务量少的小型银行开发了一个较小的 RBS 变体模型。

四是开展信息技术审查，加强网络安全管理。为了解决 IT 和网络安全带来的监管问题，2015/2016 年对主要的银行进行了信息技术审查。此外，对某些银行的环球银行金融电信协会（SWIFT）生态系统进行了抽样测试，并建议银行按照董事会批准的网络安全政策建立风险导向管理方法来应对网络威胁。

五是中央欺诈登记处（CFR）和大额银行欺诈委员会投入运作，防范金融诈骗。为了处理金融诈骗相关问题，CFR 于 2016 年 1 月 21 日开始运作。CFR 是一个可搜索的、包含过去 13 年数据的欺诈数据库，有助于及时识别和减少欺诈，也有助于银行做出明智的商业决策。央行还在财政部金融服务部设立了一个大额银行欺诈委员会，以便加强各机构包括调查机构之间的协调和同步行动。

3. 发展金融市场，扩大和深化融资渠道

一是批准设立新型差异化银行、发布非公领域普通银行的授权许可指南，促进金融市场创新和银行业竞争。2015/2016 年度有两个重大发展，有助于塑造未来几年的金融形势，并推动普惠金融发展。首先，2015 年 8 月 19 日原则性批准了 11 个申请人设立支付银行的申请，2015 年 9 月 16 日原则性批准了 10 个申请人成立小额金融银行的申请。Capital Small Finance Limited 和 Equitas Small Finance Bank Limited 两家机构作为小型金融银行开始运营，而 Airtel Payments Bank Limited 作为第一家支付银行开始运营。其次，2016 年 8 月 1 日发布了非公领域普通银行的授权许可指南。正如印度央行"印度银行结构：未来之路"论文所述，持续的授权过程将保持现有银行的竞争压力，并且将普惠金融作为获授权银行拟议业务计划一个组成部分的硬性要求也有助于加强金融包容性。

二是提高金融服务产品的科技化水平，改善支付手段。在金融服务的零售业务中充分应用技术正在变成印度金融体系的游戏规则。它是实现金融服务"最后一公里"的一种高效手段，从而有助于增强金融包容性。为加强银行卡受理终端的设施建设，推动卡基支付发展，银行卡受理终端发展基金（ADF）正在设计中。此外，为推动移动银行的发展，2016 年 8 月 25 日推出统一支付接口（UPI），且鉴于手机在印度的高度渗透，预计这将彻底改变零售支付手段。

三是加强金融市场创新的监管，防范系统性风险。除了主流银行机构的产品业务科技化外，近年来还出现了几个提供金融服务的替代性非金融机构，通常被称为金融科技（Fintech）。这些替代机构的进入有望改善金融行业的竞争，但也可能带来挑战，导致长期的系统性问题。因此，2016 年 7 月 14 日，印度央行成立了一个跨监管工作组，负责从各个层面对金融科技创新进行考察，并对相关的风险和发展机遇做分析。

四是提高公众金融素养，保护客户金融消费权益。提高金融素养在印度被视为需求方为金融包容性提供支持的过程。因此，所有利益相关者采取了各种举措来提高公众的金融意识。在扩大金融服务和金融素养范围的同时，印度央行高度重视保护客户特别是小客户的金融消费权益。为此，印度央行制定了"客户权利宪章"，并建议各银行机构以类似的方式制定经董事会批准的客户权利政策。此外，在 2015/2016 年度审查了银行监察员（BO）方案，同时优化重组并扩充 BO 办公室。为完善客户保护政策，印度央行还把农村、半城市化地区银行非法销售第三方金融产品的问题作为实地调研课题。同时，为增强对印度央行虚拟货币的认识，也开展了泛印度的宣传运动。

五是中央 KYC 记录登记处（CKYCR）投入使用，便利金融信息查询。2015 年 11 月 26 日，印度证券化资产重组和担保权益中央登记处（CERSAI）更名改造为中央 KYC 记录登记处（CKYCR），用于以数字形式接收、存储和检索客户的 KYC（知道你的客户）记录。这将确保所有金融产品拥有单一的 KYC 记录，从而使金融信息查询更方便。CKYCR 从 2016 年 7 月 15 日起开始实际运行。

4. 其他措施

根据金融立法改革委员会（FSLRC）关于银行能力建设的非立法建议，建议银行为其工作人员确定专门的认证领域。印度央行在 2016 年 9 月设立了一个工作组标准来检查印度有关绿色金融方面的国际最佳实践。建议表列商业银行（不包括 RRB，即地区农村银行）自 2018/2019 年开始遵循"公司（印度会计准则）规则 2015"。为了在贷款利率政策中加强货币政策传导和透明度，银行被强制要求根据资金的边际成本计算基本利率。

（五）对合作银行的监管

这也许是印度储备银行最不受欢迎的角色，但它仍然是最重要的。这包括确保向经济生产部门提供信贷，建立旨在建设国家金融基础设施的机构，扩大获得负担得起的金融服务的机会，以及促进金融教育和扫盲。

1. 相关情况概述

（1）储备银行与其他监管机构密切合作，比如合作协会的注册商和合作协会的中央登记员。储备银行与中央政府和所有拥有 UCBs 的国家政府签订谅解备忘录（MOU），以确保监管和监督政策的更大融合。从 2005 年 6 月 27 日与安得拉邦签署第一份谅解备忘录开始，并于 2014 年 12 月 30 日与特兰加纳州签署最后一份谅解备忘录，目前，全国所有的州都签署了谅解备忘录。

（2）印度的农村合作信用体系主要是为了确保向农业部门提供信贷，它包括短期和长期的合作信贷结构。短期合作信贷结构的运作有一个三级系统——乡村一级的初级农业信贷社（PACS），在地区一级的中央合作银行（CCBS）和州一级的国家合作银行（STCBS）。

初级农业信贷社不属于 1949 年的《银行监管法》的管辖范围，因此不受印度储备银行的监管。中央合作银行和国家合作银行按《国家合作社法》的规定登记，并由储备银行管理。根据《银行监管法》（适用于合作社）35 A 部分，授予国家农业和农村发展银行（NABARD）对国家和中央合作银行进行检查。

初级合作银行（PCBS）也被称为城市合作银行（UCBS），其建立是为了满足城市和半城市地区客户的财务需求。城市合作银行主要是根据《国家合作社法》的规定进行注册；如果银行的经营范围超出了一个州的范围，就要遵守 2002 年的《多州合作社法案》。由于地理分布不均衡，银行的特点也是不同的。其中许多是没有任何分支网络的单一银行，但也有一些银行规模庞大，在不止一个州运营。

（3）近年来，监管合作银行和非银行金融机构的一般指导原则是尽量减少银行与这些部门之间的监管套利。根据这一原则，采取措施进一步协调非银行金融机构的监管处理，如完善不良资产框架的规定、通报欺诈行为和提供项目贷款再融资的选择权。

（4）无证区域中央合作银行（DCCB）的存在是一个监管重点。随着中央政府的复兴计划实施，无证 DCCB 的数量从 2013 年 6 月底的 23 个减少到 2016 年 9 月底的 3 个。

2. 双重管理

尽管《银行监管法》于 1949 年生效，但直到 1966 年，银行法才适用于合作社，并通过了 1949 年的《银行监管法》修正案。从那时起，对这些银行的控制具有二元性，银行相关职能由储备银行管理，管理相关的职能由各自的州政府/中央政府管理。根据 1949 年《银行监管法》（适用于合作社）第 22 条和第

23 条的规定，储备银行履行管理国家合作银行/中央合作银行/城市合作银行的银行功能。

（六）银行业的发展趋势

根据发展行业健全、充分竞争、普惠包容和客户友好银行业的长期愿景，印度央行不断进行监管改革，并探索新领域，还探讨建立新型差异化银行的可能性，如托管和批发融资银行。作为印度央行金融包容性核心措施的商业代理（BC）模式将通过登记、认证和培训银行机构来进一步延伸，扩大其对偏远农村地区的服务范围。按照"印度支付结算系统 2018 年愿景"计划，支付基础设施建设将加快解决覆盖范围、便利性、置信度、收敛性和成本的五个方面问题。此外，为了解决非银行金融部门中客户服务方面的问题，印度央行还将为非银行金融机构设计适当的监察员计划。

二、印度宏观审慎监管制度

印度实施宏观审慎监管政策框架的历史较长。为应对系统性金融危机，储备银行主要采取两种措施：一是时间轴上的周期性措施；二是空间上针对各金融部门的监管措施。2008 年国际金融危机爆发后，储备银行采取逆周期政策，包括防止卢比大幅波动和国际收支赤字扩大等问题演变为危机、监管领域涵盖银行及非银行金融部门、有效应对资产价格持续上涨和信贷泡沫、管理资本流动和系统流动性、监管大型及综合性金融机构、客观评估场外衍生品市场发展、理顺金融部门之间及金融与实体经济之间的关系。

在金融机构方面，印度金融资产规模约为 GDP 的 1.5 倍，金融机构大部分为银行，银行资产占全部金融系统资产的 61%，其中，国有商业银行占全部银行资产的 72%，区域农村银行、信用合作社、非银行类吸存公司占金融系统资产的 9%，其余为非吸存机构如保险公司、共同基金、养老金机构等。

在监管机制方面，印度储备银行是金融系统主要监管当局，管理银行及非银行金融公司、货币市场、国债市场、外汇市场、支付结算系统等。另有其他部门专门负责对资本市场、保险、养老金的监管。

在维护金融稳定方面，储备银行政策目标包括促增长、保持价格稳定、维护金融稳定。但储备银行并非明确指定为金融稳定职能的机构，2010 年由多个机构共同组成了"金融稳定和发展委员会"，由财长任主席，由储备银行行长牵头成立下属委员会开展实际工作。

（一）宏观审慎政策框架

2004年，印度开始实施逆周期政策，包括前瞻性逆周期拨备、敏感部门差别化风险资产权重等，对系统重要性金融机构进行重点监管、启动资本市场监管等。逆周期措施：一是提取投资波动储备（Investment Fluctuation Reserve，IFR）；二是差别化风险资产权重及拨备提取标准。

防范风险跨机构横向传播措施：

一是注意防范机构关联风险及敞口集中风险。储备银行已经采取措施防范银行间、银行与非银行金融机构间关联产生的风险，同时也防范商业银行风险敞口集中度过高可能带来的风险。具体措施包括：

- 限制银行间负债占净值的比例；
- 限制银行进入无抵押融资市场、对一级市场交易商设置借贷上限；
- 银行间或银行与其他金融机构间资本投资额度不超过资本金的10%、不超过被投资银行股本的5%；
- 限制银行对非银行金融机构的敞口规模；
- 对非银行金融机构设置严格的审慎监管要求；
- 单个银行或银行集团对资本市场敞口不得超过净值的40%；
- 严格监测银行对敏感行业的敞口情况；
- 银行对出口商之外的海外借款不得超过一定限额；
- 要求银行持有印度国债的比例不得低于其净负债的23%。

二是加强金融集团监管。金融集团是指跨金融部门的大型金融机构，如涵盖银行、保险、共同基金、非银行金融、养老金等多类金融服务或机构的大型集团。储备银行于2004年开始对此类集团严格监管，以非现场监管为主、辅以约谈和组织专门小组集中检查，主要关注集团管理风险、集团内部交易、公司治理结构。随着"金融稳定和发展委员会"的设立，开始将金融集团的审慎监管措施具体化，包括集团资本充足率要求、风险敞口限制、银行为主体的金融集团内部交易限制。

在资本账户监管框架方面，为应对国际资本流动对卢比汇率的冲击，防止卢比大幅波动，印度资本账户纳入宏观审慎监管框架，主要涵盖资本流入、资本流出、衍生品交易、主要外汇市场及产品监管。

（二）印度执行宏观审慎政策目标

2005 年 10 月，储备银行在政策声明中明确："传统上，银行贷款是顺周期的，经济增长较快的阶段信贷扩张，反之亦然。这种倾向导致扩张期间风险估计不足、收缩期提取过多风险拨备，具有事后性质，而不能事前做好准备。为减弱顺周期因素影响，将以经济周期风险资产变动趋势而非当年风险资产为基础提取拨备、风险资产评级以经济周期为基础、实施灵活的贷款价值比等作为具体宏观审慎政策。"

简言之，政策目标是通过逆周期风险资产拨备、灵活调整贷款价值比等手段，增强银行体系稳健性，抵御周期性风险。

（三）面临的挑战

政策制定者需要正确评估风险的性质和程度，做出判断后选择政策工具应对风险。印度国内及国际上关于风险识别和及时预警还缺乏足够的理论和数据库支撑，因此，只能以监管当局的经验判断作为决策主要依据，促使商业银行增加信贷投放，推进经济复苏。

第五章　印度资本市场及保险市场

一、证券市场

印度证券市场拥有悠久的历史，其股票市场的历史可以追溯到 19 世纪 30 年代的孟买的非正式股票交易，而成立于 1875 年的孟买证券交易所（BSE）是印度最早的股票交易所，同时也是亚洲资格最老的证券交易所。印度股票和债券经纪人协会于 1887 年成立，成为印度第一家证券经纪人组织。此后，加尔各答证券交易所于 1908 年成立。第一次世界大战期间，由于印度民族工业的迅速发展，印度证券市场也得到了有力的发展，印度独立前，印度证券交易市场总数已达到 6 家。独立之后，印度政府于 1956 年颁布了《证券合同法》并成立了证券监管机构。证券市场逐渐步入正轨。印度股票市场自 20 世纪 70 年代末以来，得到了快速发展，先后成立了坎普尔、浦那等 8 家地方区域性证券交易所。到了 20 世纪 80 年代后期，由于推行新的经济政策，印度股票市场得到迅速发展，证券市场资本总额已达到 400 亿美元，在当时新兴市场国家中排名第三。20 世纪 90 年代，随着印度迈入国际化道路，特别是 1992 年成立印度证券交易委员会（SEBI）后，印度证券市场发展变得更快，其市场规模和结构已成为世界新兴证券市场的代表。

印度证券市场发展取得巨大成就的根本原因在于该国悠久的历史以及英联邦成员国背景，使得印度股票市场从一开始就注重对国际规则的学习与引进，为股票市场的发展奠定了良好基础。同时，印度拥有一套完善的、与国际市场接轨的金融制度。几乎在所有领域，包括股票的发行和交易制度、市场的风险管理系统、清算制度、信息披露制度和会计制度等，印度证券市场都与国际标准接轨，而且在某些方面还走在了世界前列。

（一）证券市场的趋势和运作

印度证券市场在市场参与者数量、上市证券数量和交易量方面都有着庞大的规模。从股权交易量来看，印度国家证券交易所仅次于纽约证券交易所和纳斯达克证券交易所之后，是全球第三大交易所。

1. 一级证券市场

从一级市场情况来看，2016/2017 会计年度，印度一级市场累计募集资金6206.7 亿卢比，通过首次公开发行（IPO）募集资金达2910.4 亿卢比，较上一会计年度增长96.4%。

通过公开发行股和权利股进行资源动员。2016/2017 年，发行了122 只公开发行股和12 只权利股募集6206.7 亿卢比；而2015/2016 年发行了94 只公开发行股和13 只权利股，证券市值只增加了5786.6 亿卢比（见表5－1）；2016/2017 年，IPO 市场的IPO 数量和融资额都有大幅增长。在2016/2017 年的106个IPOs 中，有77 家在中小企业平台上市。IPO 上市的公司来自不同的、非传统的行业，这与2000 年以来在IPO 市场上的银行、金融和IT 等少数行业的主导地位形成了鲜明对比。这表明了资本市场作为小型企业的一种融资模式逐渐兴起，同时它也为投资者提供了一个巨大的机会，让他们可以投资于反映经济增长的各个领域的公司。2016/2017 年IPOs 融资额相比2015/2016 年增长了近一倍，从1481.5 亿卢比增长到了2910.4 亿卢比。与2015/2016 年一样，2016/2017 年也没有出现公开报价（FPO）。

表5－1　　　　　　　通过公开发行股和权利股进行资源动员

名称	2015/2016 年		2016/2017 年		占总数的份额百分比	
	发行数量（只）	金额（千万卢比）	发行数量（只）	金额（千万卢比）	2015/2016 年	2016/2017 年
1. 公开发行股	94	48627	122	58651	84.0	94.5
公开发行股	74	14815	106	29104	25.6	46.9
IPOs	74	14815	106	29104	25.6	46.9
FPOs	0	0	0	0	0.0	0.0
公开发行股（债券/NCD）	20	33912	15	29547	58.4	47.6
2. 权利股	13	9239	12	3416	16.0	5.5
股本发行总数	87	24054	118	32520	41.6	52.4
股本和债券总数	107	57866	134	62067	100.0	100.0

注：1. 初级市场资源动员包括在中小企业平台上筹集的资金。

2. 所有的卖出都已计算在 IPOs/FPOs 下。

3. 债务发行是在开盘日进行的。

公开发行股占总资源动员的份额从 2015/2016 年的 84% 升至 2016/2017 年的 94.5%，而在同一时期，权利股的份额从 16% 降至 5.5%。2016/2017 年，在整个资源动员方面，债务股的比例为 47.6%，相比前一年为 58.4%。2015/2016 年，股东出售股权获得了 771.2 亿卢比，而 2016/2017 年这个数字是 1803.8 亿卢比。

2. 二级证券市场

从二级市场情况来看，截至 2017 年 3 月底，印度 Sensex 和 NIFTY 50 指数分别收于 29621 点和 9174 点，较 2016 年 3 月底分别上升 4279 点和 1435 点。另外，2016/2017 会计年度孟买交易所（BSE）和印度国家交易所（NSE）分别实现交易量 99826.1 亿卢比和 505591.3 亿卢比，分别较上一会计年度增长 34.9% 和 19.3%。2016/2017 会计年度在孟买交易所（BSE）和印度国家交易所（NSE）上市的所有企业市值分别达到了 1215452.5 亿卢比和 1197842.1 亿卢比，较上一会计年度分别增长 28.3% 和 28.7%。两家交易所总市值占印度 GDP 的比例分别达到 80% 和 78.9%。

2016/2017 年见证了基准指数的大幅上升，尽管国际形势的发展并不尽如人意，但是国家选举的政治结果和外国资金流入的增加，去货币化的复苏支持着指数的上升。在 2016/2017 年，全球发生了很多影响市场的事件，包括中国经济放缓、全球贸易增长疲软、英国退出欧盟、美国总统选举、美联储政策正常化以及围绕这些事件带来的不确定性因素。尽管如此，印度国内宏观经济和政治形势依然良好。尽管全球原油价格复苏，包括去货币化、增值税的增长，与公共政策相关的 "Aadhar" 计划等核心结构化改革的积极政策的执行，使强劲的增长速度、良性的通货膨胀、双赤字回到了一个正常的下降通道。外部脆弱性减少对于印度经济增长以及其市场的机构投资者的信心是至关重要的。

自 2016 年 3 月 31 日至 2016 年底，基准指数标普 S&P BSE Sensex（简称 Sensex）指数和 NIFTY50（简称 NIFTY）指数分别增长了 16.9% 和 18.5%。2017 年 3 月 31 日，Sensex 指数收于 29621 点，相比 2016 年 3 月 31 日的 25342 点上涨了 4279 点。2017 年 3 月 31 日，NIFTY 收盘于 9174 点，同比 2016 年 3 月 31 日收盘的 7738 点，增加了 1435 点（见图 5 - 1）。

印度 Sensex 指数在 2017 年 3 月 17 日达到最高点 29649 点，NIFTY 指数在 2017 年 3 月 31 日达到了最高点 9174 点。Sensex 指数在 2016 年 4 月 8 日达到最低点 24674 点，NIFTY 指数在 2016 年 4 月 7 日创下了 7546 点的最低水平。基准

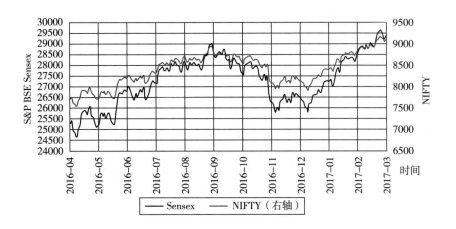

图 5 - 1　股市基准指数的变动

指数的上涨在 2016 年 5 月 25 日达到最大幅度，Sensex 上涨 2.3%，NIFTY 上涨了 2.4%。由于 2016 年 11 月 8 日出台了禁止流通 500 卢比和 1000 卢比面值的纸钞，这两个指数在下一个交易日创造了最大跌幅纪录，2016 年 11 月 11 日，Sensex 下跌 2.5%，NIFTY 下跌 2.7%。

现金交易部分，在 2016/2017 年，BSE 和 NSE 的营业额创纪录地分别增加34.9% 和 19.3%，而在上一财政年度，这个数字分别为下降 13.4% 和 2.1%。在股票衍生品领域，在 2016/2017 年，BSE 的营业额下降了 99.8%，而 NSE 的营业额增长了 45.6%。而在 2015/2016 年，BSE 的营业额下降了 78%，而 NSE 的销售额增长了 16.6%。MSEI 在现金部分中记录了微小的交易量，且其在股票衍生品领域中没有进行交易。

表 5 - 2　　　　　　　　　　印度证券市场的主要指标

项目名称	2015/2016 年	2016/2017 年	同比增加（%）	
			2015/2016 年	2016/2017 年
A. 指数（点）				
S&P BSE 指数				
年末	25342	29621	− 9.4	16.9
平均	26322	27338	− 0.9	3.9
NIFTY 50 指数				
年末	7738	9174	− 8.9	18.5
平均	7984	8421	0.2	5.5
SX40				

续表

项目名称	2015/2016 年	2016/2017 年	同比增加（%）	
			2015/2016 年	2016/2017 年
年末	15335	17858	−8.1	16.5
平均	15737	16492	0.4	4.8
B. 年波动性（百分比）				
S&P BSE 指数	17	12.1	25.7	−28.7
NIFTY 50	17.1	12.3	26.7	−27.9
SX40	16.6	12	28.7	−27.6
C. 总交易额（千万卢比）				
权益现金	4977278	6054422	−4.0	21.6
BSE	740089	998261	−13.4	34.9
NSE	4236983	5055913	−2.1	19.3
MSEI	206	248	—	20.7
股票衍生工具	69300843	94377241	−8.8	36.2
BSE	4475008	6939	−78.0	−99.8
NSE	64825834	94370302	16.6	45.6
MSEI				
货币衍生工具	7590387	8326651	34.7	9.7
BSE	2763926	3171648	44.8	14.8
NSE	4501886	4857076	48.9	7.9
MSEI	324576	297928	−50.1	−8.2
利率衍生工具	663359	438341	40.0	−33.9
BSE	114121	127979	172.3	12.1
NSE	526425	307809	24.9	−41.5
MSEI	22814	2552	121.2	−88.8
大宗商品衍生工具	6696381	6499637	9.1	−2.9
NCDEX	1019588	596852	12.8	−41.5
MCX	5634194	5865661	8.7	4.1
NMCE	29368	28442	−18.5	−3.2
拉杰果德商品交易所	1976	759	−37.5	−61.6
哈普尔贸易所	11192	7923	31.3	−29.2
IPSTA	63	0	−97.2	—

注：1. 在 2014/2015 年，MSEI 只记录了现金部分的很小一部分数量。

2. 在 2015/2016 年，MSEI 的股票衍生品部门没有交易。

在印度二级市场份额最高的营业额是股票衍生品交易（80.5%），紧随其后的是货币衍生品（7.1%），大宗商品衍生品（5.5%）、股票部分（5.2%）、公司债券（1.3%）和利率衍生品（0.4%）（见图5-2）。

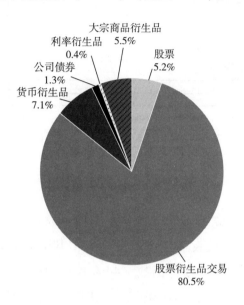

图5-2　二级市场交易价值份额百分比

考虑到活跃的市场，BSE和NSE的市值在2016/2017年分别增长了28.3%和28.7%。过去一年的市盈率大幅上升，与其他新兴市场和发达市场相比，印度市场价格过高。在2016/2017年，印度Sensex指数的年化波动率降至12.1，而2015/2016年的波动率为16.9。对于NIFTY指数来说，2016/2017年的波动率降至12.3，而2015/2016年的波动率为17.1。在2016/2017年，Sensex指数和NIFTY指数的市盈率分别为22.6和23.3。

（二）主要股票和部门指数的表现

行业和基础指数显示，在2016/2017年，经济增长前景看好。这些指数的趋势如图5-3所示。在包含广泛的BSE指数中，BSE 100、BSE 200和BSE 500的同比涨幅分别为21.2%、22.5%和24%。在2016/2017年，BSE小型股指数也上涨了36.9%。同样，NSE主要的指数中，NIFTY Midcap 50，NIFTY Next 50（前身为CNX NIFTY Junior）和NIFTY 500，在2016/2017年分别增长了37%、33.9%和23.9%。

2016/2017年，BSE的行业指数中，BSE Tech and BSE IT指数分别下降了

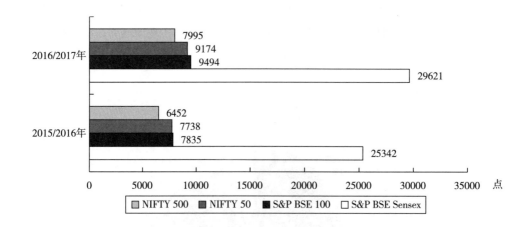

图5-3 印度主要股指表现

5. 5%和9%。S&P BSE 金属指数（56.5%）增长最高，随后是 S&P BSE 石油指数（48%）、S&P BSE 小盘股（36.9%）和 S&P BSE Bankex（32.8%）。在 NSE 的行业指数中，NIFTY PSU 银行指数（44%）在 2016/2017 年的增幅最高，紧随其后的是 NIFTY PSE 指数（40.9%）、NIFTY 石化产品指数（40%）和 NIF-TY Midcap 50 指数（37%），而 NIFTY IT 则下降了 5.4%。

（三）印度股市的成交量

2016/2017 年，证券交易所的现金交易额达到 605442.2 亿卢比，同比 2015/2016 年的 497727.8 亿卢比增长了 21.6%。在总营业额中，NSE 占总营业额的 83.5%，BSE 占总营业额的 16.5%。反映了市场的活跃程度，NSE 的营业额从 2015/2016 年的 423698.3 亿卢比增加到 2016/2017 年的 505591.3 亿卢比，同比增长了 19.3%；与此同时，BSE 从 74008.9 亿卢比增加到 99826.1 亿卢比，同比增长 34.9%。MSEI 在 2016/2017 年的营业额为 24.8 亿卢比，比上一年的 20.6 亿卢比增长 20.4%。印度前 20 个城市的交易数据显示，BSE 总营业额现金流的 55.9% 和 NSE 营业额现金流的 60% 都集中在印度的金融中心孟买和塔那。在 NSE，德里/加兹阿巴德贡献了 6.7% 的总营业额，紧随其后的是班加罗尔（6.3%）和加尔各答/豪拉（4.8%）。在 BSE，古尔冈贡献了 5.9% 的总营业额，紧随其后的是加尔各答（3.5%）和艾哈迈达巴德（3.2%）。

在 2016/2017 年，区域性证券交易所（RSEs）的 640 家上市公司的股票在 NSE 的交易板块上可以进行买卖，而 2015/2016 年，只有 372 家上市公司的股票可以进行买卖。同样对于 BSE，在 2016/2017 年，1485 家上市公司的股票可在 BSE 的交易板块买卖，2015/2016 年这一数字是 1517。

（四）市值

市值是一家上市公司的流通股总市值。这是反映股市规模的一个主要指标。在与市场上升趋势一致的情况下，两家交易所的市值都大幅飙升。BSE 的市值从 2015/2016 年的 947532.8 亿卢比增长到 2016/2017 年的 1215452.5 亿卢比，增长了 28.3%。其中，S&P BSE 指数上涨了 18.7%；BSE 资本品指数在 2016/2017 年的增幅为 31.5%，而 BSE Teck 则下跌了 4.6%。在"NIFTY 50 指数"中，股票的市值增加了 23.6%。另外，NSE 的市值从 2015/2016 年的 931047.1 亿卢比增长到 2016/2017 年的 1197842.1 亿卢比，增长了 28.7%。其中，NIFTY 银行在 2016/2017 年的市值创纪录地增长了 38.1%，紧随其后的是 NIFTY Next 50 指数（22%）。

（五）回报率

长期表现亮丽：以卢比计价，1995 年至 2016 年平均回报率接近 10%；从 2003 年开始计算，年化回报率接近 15%（见图 5 - 4）。相对于发达国家和新兴市场整体表现，印度股市的回报率也明显领先（见图 5 - 5）。

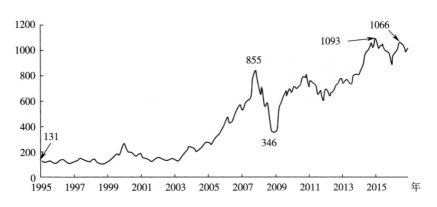

图 5 - 4　MSCI 印度指数

（资料来源：彭博资讯、中金公司研究部）

各行业的回报率差异很大。长期来看，医疗和消费品（可选和必选消费）领先所有行业，无论是最近 5 年还是最近 10 年，年化回报率基本都在 15% 以上。电信行业最近 10 年的年化回报率低至 - 17.3%，最近 5 年只有 - 1.5%。

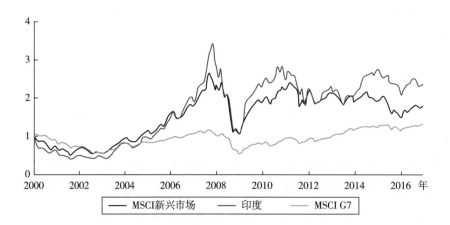

图5-5 MSCI印度指数相对表现（2000年设为1）

（资料来源：彭博资讯、中金公司研究部）

公用事业股票的最近5年回报率只有1.8%。此外，信息和金融两大支柱产业的回报非常稳健，最近10年的年化收益在10%以上（见图5-6）。在中短期（见图5-7），材料、公用事业、金融、非必需消费品和工业五大行业在最近1年的回报率都超过了30%（材料业高达67%），主要与莫迪政府的基建计划及银行资产质量审核计划有关，其中材料、公用事业在最近1年的回报超过最近3年的总回报。长期回报率出色的医疗、信息行业在最近1年的回报率逊于大盘。

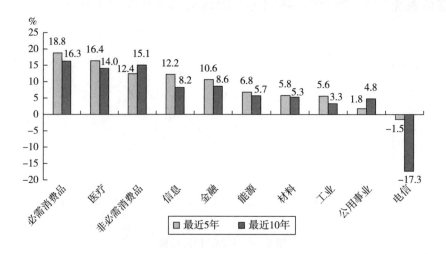

图5-6 MSCI印度指数各行业长期回报率

（资料来源：彭博资讯、中金公司研究部）

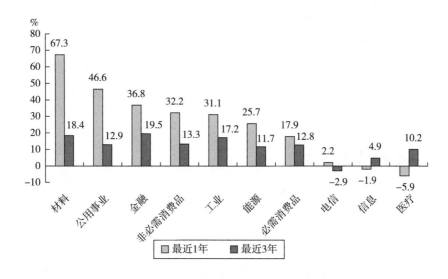

图 5 – 7 MSCI 印度指数各行业中短期回报率

（资料来源：彭博资讯、中金公司研究部）

（六）证券市场指标

市值与 GDP 之比为市值比率，它衡量的是股市相对于经济的规模。在 2015/2016 年的市值比率下降之后，2016/2017 年出现了显著的增长。BSE 的市值与 GDP 之比从 2015/2016 年的 69.3% 上升至 2016/2017 年的 80%。同样，在 NSE，该比率从 2015/2016 年的 68% 升至 2016/2017 年的 78.9%。全印度的股票现金流总额与 GDP 之比从 2015/2016 年的 36.4% 升至 2016/2017 年的 39.9%。股票衍生品行业的营业额与 GDP 之比从 2015/2016 年的 506.5% 上升至 2016/2017 年的 621.6%。

公司股票收益的价值是根据市盈率（P/E）来衡量的。在 2017 年 3 月 31 日，S&P 指数和 NIFTY50 指数的市盈率分别为 22.6 和 23.3，而在 2016 年 3 月 31 日分别为 19.3 和 20.9。从月份数据来看，NIFTY 的市盈率在 2016 年 8 月达到了最高 24.09 的水平，而在 Sensex 指数中，市盈率在 2017 年 3 月达到最高（22.63）。另外，在 2016 年 4 月，Sensex 指数和 NIFTY 指数的市盈率都处于各自的低位。

（七）证券市场的波动

在 2016/2017 年，与全球金融市场相比，印度股市的波动性较小。印度波动性指数印度 VIX 指数，预示投资者对未来 30 天市场波动的看法。在 2016/

2017 年末，印度 VIX 指数收于 12.4 点，在 2015/2016 年末，其数值为 16.6 点。在 2016/2017 年，Sensex 指数的年化波动率从 2015/2016 年的 17% 降至 12.1%。同样的趋势也在 NIFTY 得到体现，在 2016/2017 年中，NIFTY 比例从 17.1% 降至 12.3%。在 2016/2017 年，S&P BSE 小型股的波动率为 20.7%，紧随其后的是 S&P BSE 100（17.3%）。

（八）证券交易所的活动

在 2016/2017 年，在股票交易所上市的全印度股票交易额增加了 12.4%。就股票交易总额而言，NSE 在 2016/2017 年的市场份额为 78.7%，紧随其后的是 BSE（21.2%）和 MSEI（0.01%）。NSE 在 2016/2017 年的股票数量为 70.4%，随后是 BSE（29.5%）。在 2016/2017 年，股票总市值从 2015/2016 年的 149871.2 亿卢比增加至 194146.5 亿卢比，增长了 29.5%。

SEBI 在 2012 年出台了证券交易所撤销/停止交易的退出政策。截至 2017 年 3 月 31 日，已有 18 家地区性证券交易所获准退出。三家证券交易所——马加德股票交易所、艾哈迈达巴德证券交易所有限公司和加尔各答证券交易所都处于退出过程中。RSEs 的闲余资金主要是通过具备 BSE 和 NSE 会员资格的子公司进行活动。关于退出的交易所，子公司的营业额算到出口订单的日期。在 2016/2017 年，ASE 市值总额从 2015/2016 年的 5387 亿卢比增加到 5429.5 亿卢比，仅仅增长了 0.8%。

（九）衍生品市场

1. 股票衍生品市场

与基础的货币市场相比，印度的股票衍生品市场在国际上具有更强的地位，更具国际竞争力，并在世界上拥有最先进的技术、制度机制、产品和市场规模。尽管衍生品的杠杆结构有可能放大资产的损失或收益，并可能导致市场波动，但在印度，它们正越来越多地被套期保值者、投机者和套利者使用。这一点很明显，在二级市场上，股票衍生品市场贡献了约 80.5% 的总交易价值。自 2000 年引进衍生品以来，印度衍生品市场的交易量出现了惊人的增长。不仅是增长，自 2009 年以来，印度还出现了如期权等更复杂的产品。

在衍生品市场生态系统 NSE、BSE 和 MSEI 三家交易所中，NSE 是股票衍生品产品的市场领导者。根据世界证券交易所联合会（WFE）发布的 2016 年年度数据，根据交易或结算的合约数量来看，NSE 在全球股指期权中排第一，在股票期货中排第二。在指数期权方面，三家交易所占全球交易量的 67%，其中包括 NSE 和韩国。亚太地区的外汇交易量占总交易量的 50%。NIFTY 是 2016 年全球最热门的指数期权合约。NSE 的股票衍生品交易额与 2016/2017 年的 GDP 比率为 621.5%，这也表明了这一领域的交易量和流动性。2016/2017 年，印度衍生品市场的总交易额约为现金市场交易总额的 15.6 倍，比 2015/2016 年的总期货和期权（f&o）的营业额高出 36.2%。在 2016/2017 年，NSE 的交易额占 99.9%，而 BSE 的份额仅为 0.1%。BSE 的份额从 2014/2015 年的 26.8% 降至 2015/2016 年的 6.5%，并在 2016/2017 年进一步下滑至 0.1%。

2. 外汇衍生品市场趋势

外汇衍生品对于公司和其他参与者来说是很重要的，以对冲他们对汇率波动的风险敞口。随着货币政策聚焦于稳定价格，这种波动可能会暂时加剧。特别是，贸易品行业的制造商需要能够对冲汇率的波动，以保持他们的竞争力和利润率。为了提供这样一种工具，2008 年 8 月，外汇衍生品交易在印度启动。目前在印度市场，货币衍生品在 BSE、NSE 和 MSEI 上进行交易。

外汇衍生品市场的总交易额从 2015/2016 年的 667682.1 亿卢比增加至 2016/2017 年的 696283.3 亿卢比，增加了 4.3%。在 2016/2017 年，NSE 总交易额最高（485707.6 亿卢比），其次为 BSE（180782.9 亿卢比）和 MSEI（29792.8 亿卢比）。NSE 占外汇市场总成交量的 69.8%，紧随其后的是 BSE（26%）和 MSEI（4.3%）。

3. 利率衍生品趋势

在印度这样一个经济不断扩张的经济体中，利率是影响公司和个人的一个关键变量。在印度，这些产品在 2003 年首次引入，这些产品以零息收益率曲线为基础，以现金结算。然而，在最初的一些兴趣之后，市场流动性减弱了。2008 年，在 10 年期政府债券基础上推出了实物期货合约。由于这些债券也没有如预期的那样回升，现金结算的单一债券期货合约于 2014 年 1 月推出，自那以来，它们一直在以合理的流动性进行交易。

在 2016/2017 年，所有交易所的利率衍生品市场交易额下降了近 33.9%，尽管 NSE 贡献了主要份额（70.2%），相对于 BSE（29.2%）和 MSEI（0.6%），NSE 和 MSEI 的交易额比上年严重下滑。NSE 的交易额从 2015/2016 年的 53642.5 亿卢比下降至 2016/2017 年的 30780.9 亿卢比，同比下降了

41.5%。MSEI 从 2015/2016 年的 2281.4 亿卢比大幅下降至 2016/2017 年的 255.2 亿卢比，同比下降 88.8%。然而，BSE 的交易额从 2015/2016 年的 11412.1 亿卢比增加至 2016/2017 年的 12998 亿卢比，同比增长 12.1%。

4. 波动率指数期货市场趋势

NSE 于 2014 年 2 月 26 日在期货和期权交易市场上推出了印度股指期货合约。印度 VIX 指数是一种基于 NIFTY 指数期权价格的波动指数。印度波动率指数通过最佳出价和 NIFTY 的报价计算得出期权合约在 NSE 的 f&o 部门交易。印度 VIX 指数显示投资者对近期市场波动的看法。然而，印度 VIX 股指交易额从 2014/2015 年的 225.6 亿卢比，到 2015/2016 年的 1 亿卢比，逐渐减少至 2016/2017 年的 90 万卢比。

二、证券交易所的情况

根据 1956 年颁布的《证券合同管理法》（SCRA）第 4 款规定，证券交易所在证券市场上的经营活动需要得到印度证券交易委员会的认可。

（一）印度证券交易发展现状

到 2017 年 3 月 31 日，印度共有 7 家证券交易所，其中 4 家获得了永久许可，大都会证券交易所重新获得了许可，而摩羯陀证券交易所被取消了资格，正在退出。在七家证券交易所中，BSE、NSE 和 MSEI 已获准进行四项交易——股票、股票衍生品、外汇衍生品和债务方面。

表 5-3　　　　　　　　印度证券交易所　　　　　　　　单位：家

时间	年初证券交易所总数	年内新获得许可的	年内合并的	年内退出的	年内重新获得许可的	年末证券交易所总数
2015/2016 年	13	0	1	5	1	7
2016/2017 年	7	1	0	1	1	7

表 5-4　　　　　永久许可的证券交易所（截止到 2017 年 3 月 31 日）

序号	交易所名称	许可情况
1	艾哈迈达巴德的证券交易所	永久许可
2	孟买证券交易所（BSE）	永久许可
3	加尔各答证券交易所	永久许可
4	印度国家证券交易所（NSE）	永久许可

注：股票交易所不包括大宗商品衍生品交易所。

表 5 -5　　　　　　　2016/2017 年重新获得许可的证券交易所

序号	交易所名称	许可日期	许可期间
1	印度大都会证券交易所有限公司	2016/9/16	2016/9/16—2017/9/15
2	印度国际交易所（IFSC）有限公司	2016/12/29	2016/12/29—2017/12/28

表 5 -6　　　　　　　2016/2017 年退出的证券交易所

序号	交易所名称	退出日期
1	德里证券交易所有限公司（DSE）	2017/1/23

（二）印度证券交易所规则

1. 在公布栏上列出的非许可/非操作/退出证券交易所的独资上市公司

考虑到独资上市公司（ELCs）的担忧及市场的利益，SEBI 早前已经允许这样的公司在符合全国证券交易所上市要求的情况下在 18 个月内上市。在上市之前，这些公司必须继续留在公布栏（DB）上。这些公司的发起人和董事，他们与证券市场未来任何的关联都必须接受严格的审查，即使他们未能获得交易平台或在 18 个月之后退出了股东会。

此外，为了保护 ELCs 的股东利益，SEBI 提出了一个政策框架，为满足在全国交易所上市的资本要求提供了融资的选择。在全国的证券交易所未能上市的独资上市公司，为其投资者提供退路。该政策还规定了针对那些公司仍在 DB 上的发起人或董事的行为，以及在这个过程中向未满足要求的股东提供符合退出机制的退出。

2. 交易所上市控制机制的程序

股票交易所和清算公司（SECC）规章的第 45 项规定提供了在证券交易所上市任何公认的证券交易所，只能和它自己或它的相关股票进行交易。

为了解决任何由证券交易所上市的任何公认的股票交易所规定而产生的冲突，确保遵守相关法律的情况下，除自身外，SEBI 规定：

（1）上市证券交易所的上市部门（即已上市的证券交易所）将负责监督上市的证券交易所（即将要上市的证券交易所）的合规情况，就像上市公司的情况一样。

（2）如果有的话，拟上市证券交易所的独立监督委员会将在第二层进行监督，以应对冲突。

（3）由 SEBI 建立的独立的冲突解决委员会（CRC），以独立监督和审查的目标，将定期监控上市和上市股票交易所之间的潜在冲突。因上市交易所独立监督委员会的决定而受到损害的上市证券交易所，可以向 CRC 提起上诉。

三、对证券市场的监管

印度证券交易委员会（SEBI）是印度金融监管的管理机构，负责为印度维持稳定的投资和金融市场。该委员会成立于 1988 年，但直到 1992 年印度证券交易委员会法案通过时才获得真正的监管权。委员会总部位于孟买，董事会由八名成员组成。证券交易委员会作为证券市场的监管机构，对证券交易所、经纪人、二级经纪人、商业银行、承销商、外国机构投资者、共同基金、证券托管人等实施监管。

印度证券交易委员会通过其规则制定权对市场进行监管，并发布了一系列与证券市场相关的规则和准则，特别是与上市公司的公司治理准则相关的规则和准则。同时，该委员会规定涵盖了证券市场中的所有中介机构，所有这些机构都必须在印度证券交易委员会注册，并由其进行监管。这些法规还规定了每个中介以及其雇员的行为准则，并制定了相应的行业从业人员的标准。

四、印度保险市场

（一）印度保险业发展历史

印度保险业有着悠久的历史，最早在摩奴、耶利瓦尔卡（Yagnavalkya）和考地利耶（Kautilya）的著作中都有提及："通过募集资金用以在自然灾害（火灾、洪涝、时疫以及饥荒）中的再分配。"这被印度作为该国保险业的先导。在古印度的历史中，航海交易的信贷行为和运输合同中均保留着早期保险业的痕迹。同时，印度保险业的发展也一度受到外国（尤其是英国）的影响。

1818 年，随着东方人寿保险（Oriental Life Insurance Company）在加尔各答的成立，标志着印度开始出现人寿保险业。1850 年，由英国人在加尔各答设立的特里同（Triton）保险有限公司，可以认为是印度第一家产险公司。1870 年，当时被英国殖民的印度当局颁布了《英国保险法案》。1912 年印度颁布第一部监管寿险公司的法案——《印度寿险公司法案》，并于 1914 年开始公布印度各保险公司的收益情况。1928 年，颁布的《印度保险公司法案》赋予政府获得所有寿险公司和非寿险（包括社会福利保险）公司的统计信息的权利。1968 年，为更好地监管投资行为，印度当局对保险法进行了修订并设置最低的边际偿付能力，同年成立了费率顾问委员会。

1993 年，印度政府成立了由原印度储备银行行长 RN 马尔霍特拉担任主席的保险监督发展委员会，专门为保险业的改革提供建议。

1. 人寿保险

在印度独立以前，人寿保险对外国人（通常指英国人）和印度人采用不同的费率，对印度人收取更高的保费。直到 1890 年，孟买互助人寿保险协会的成立，成为第一家真正服务于印度人的保险公司。1912 年，《印度寿险公司法案》公布，成为印度第一部规范寿险公司的法典。1956 年 1 月 19 日，印度政府颁布法令，正式将人寿险业务国有化，同年，成立了人寿保险公司（LIC）。该公司吸纳了印度内外资共 245 家保险公司，包括 154 家内资保险公司，16 家外资保险公司以及 75 家储蓄互助会。直到 20 世纪 90 年代，保险行业再次允许私有化为止，人寿保险公司（LIC）一直垄断着印度保险行业。

2. 产险（非寿险）

产险（非寿险）的历史可以追溯到 19 世纪西方工业革命，以及由此而兴起的航海贸易，在英国殖民时期传入印度。1907 年成立的印度商业保险有限公司是第一家全面经营所有类型产险业务的公司。1957 年，印度保险协会的分支——产险委员会成立，该委员会制定了为保证产险公平竞争和稳健经营的行为准则。

1972 年随着《产险公司国有化法案》的公布，印度产险公司全面实行国有化，该法案于 1973 年 1 月 1 日正式实施。107 家保险公司分别合并为国家保险有限公司、新印度保险有限公司、新东方保险有限公司以及印度联合保险有限公司四家国营保险公司，成立于 1972 年的印度产险公司控股这四家公司，该公司于 1973 年 1 月 1 日正式对外营业。

3. 农业保险

印度的农业保险可以追溯到印度政府 1942 年开始已经有意识地着手研究农村保险项目，有关牲畜和作物保险的提案向中央政府提交，并持续了将近十年的争论。1968 年 10 月，印度当局起草了作物的保险法案和实施办法，标志着印度的农业保险逐渐开展。1972 年，印度保险公司启用了一种只针对 H - 4 棉花的实验性保险《早期个体化农业保险》，这种保险是一种小规模、试点类型农业保险。1979 年，印度保险公司开始了作物保险试点计划，将之前个体实验的缺点包容进去，开始大规模的块状试点，1984—1985 年，该计划在印度的 13 个邦政府内实行，共计 627 万农民参保，保险金额共 1900 万卢比，索赔金额 1500 万卢比。这些规定正式将印度农业保险划定为政策性保险，同时也定调了印度农业保险的基本发展方向。

（二）印度保险业发展现状

印度保险业发展势头强劲，正在以 15%—20% 的增速高速发展。保险业和银行业共同对印度 GDP 贡献率达到 7%。保险业不仅为基础设施的建设提供长期有效的资金，还能有效增强国家的风险承担能力。

截至 2017 年 3 月末，印度共有注册运营的保险公司 62 家，其中 24 家寿险公司，23 家产险公司，6 家专门从事医疗保险的健康险公司，以及 9 家再保险公司。从所有制来看，62 家保险公司中，8 家机构为国有化公司，其余 54 家均为私营公司。截至 2016 年末，印度保险深度达 3.49%，保险密度达 59.7 美元/人。

表 5−7　　　　截至 2017 年 3 月，印度注册保险公司数量统计　　　　单位：家

机构类别	国有公司数量	私营公司数量	合计
寿险	1	23	24
产线	6	17	23
健康险	0	6	6
再保险	1	8	9
合计	8	54	62

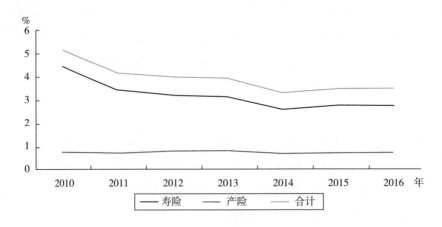

图 5−8　2010—2016 年印度保险深度情况

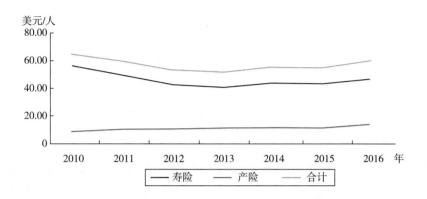

图 5 - 9　2010—2016 年印度保险密度情况

　　分机构类型来看，2016/2017 会计年度，印度寿险业实现保费收入 41847.66 亿卢比，同比增长 14.04%，其中私营保险公司保费收入同比增长 17.4%，印度人寿保险公司（国有化公司）保费收入同比增长 12.78%。印度寿险业累计赔付支出 23633.99 亿卢比，占当年寿险业毛保费收入的 56.48%，其中私营保险公司累计赔付支出 6946.3 亿卢比，印度人寿保险公司累计赔付支出 16687.69 亿卢比。印度人寿保险公司实现投资收益 19247.81 亿卢比，私营保险公司实现投资收益 6918.41 亿卢比。从 18 家披露利润状况的寿险公司情况来看，2016/2017 年寿险公司税后利润总额达 772.79 亿卢比，其中印度人寿保险公司实现税后利润 223.17 亿卢比，同比下降 11.36%。

　　2016/2017 会计年度，印度产险业实现保费收入 12812.8 亿卢比，同比增长 32.94%，其中私营产险公司保费收入同比增长 35.55%，国有产险公司保费收入同比增长 26.27%。同时，独立的健康险公司保费收入同比增长 41.06%，专业保险公司保费收入同比增长 70.33%。印度产险业累计发生已承付索赔额 8066.2 亿卢比，同比增长 25.05%，其中国有产险公司、私营产险公司、健康险公司以及专业保险公司已承付索赔额分别同比增长 28.71%、18.37%、35.16% 和 20.98%。印度产险业实现投资收益 2173 亿卢比，同比增长 13.9%，其中国有产险公司、私营产险公司、健康公司及专业保险公司投资收益分别增长 9%、24.62%、29.41% 和 8.81%。2016/2017 会计年度，印度产险业税后利润总额为 84.5 亿卢比，其中，国有产险公司亏损 255.1 亿卢比，私营产险公司实现税后利润 276.3 亿卢比，健康险公司实现税后利润 2.7 亿卢比，专业保险公司实现税后利润 60.6 亿卢比。

（三）对保险业的监管

印度保险监督与发展局（IRDA）是专门负责调控和监管印度保险业和养老金的机构。由于印度的金融体制介于分业和混业之间，银行业可以兼顾保险，相应地，一部分监管属于混业监管。保险业除了由保险监管与发展局监管外，一部分受到央行监管。

1999 年根据《印度保险与发展法案》设立了印度保险监督与发展局，该机构是一个自主独立的法定机构，主要负责监管和促进印度保险和再保险业。印度保险监督与发展局由一名主席，五名全职委员，四名兼职委员共十人组成领导集体，以上十人均由印度政府任命。

印度保险监督与发展局主要的职责包括以下：

1. 保护投保人的利益和公平待遇。

2. 确保保险业快速稳定发展，保护普通公众的利益，并为经济增长提供长期资金供给。

3. 确保诚信竞争、财务健全、公平交易，并对以上行为加强监管。

4. 建立有效的投诉机制，确保理赔的实效，同时防止骗保和其他不正当行为。

5. 促进保险及金融市场公平、透明以及正当交易，建立完整的管理信息系统，确保市场参与者的财务稳健。

6. 对违反标准的行为进行纠正和处罚。

7. 根据审慎监管原则，加强行业自律。

第六章 印度外汇管理情况

外汇管理，主要是指一个国家的政府通过法律、法规或其他规定，对其居民购买和持有外汇进行管理，以达到改善国际收支平衡状况、稳定本国货币汇率，从而促进本国经济和金融健康持续稳定发展的目的。印度作为目前世界上增长较快的新兴经济体之一，如何通过发展有序、稳定的外汇市场来更好地促进印度的对外贸易和国际收支，以提高印度经济在国际上的竞争力显得尤为重要。本章从介绍印度外汇管理部门、印度外汇管理适用的相关法律法规入手，重点对印度外汇汇率、外汇储备、账户管理、个人外汇管理、直接投资等内容进行了详细的介绍，同时对印度外汇管理政策变化历程和外汇市场发展现状进行了探讨。

一、印度外汇管理部门

印度储备银行（以下简称 RBI）是印度外汇市场的主要管理部门。RBI 主要职责规定如下：管理印度钞票发行及外汇储备事务，维护印度货币的稳定，保持印度货币体系及信贷体系良好地运行。1935 年 4 月 1 日，印度政府根据 1934 年《印度储备银行法》相关条款规定成立了 RBI，成立之初 RBI 属于私人所有，但在 1949 年被印度政府收为国有。

1947 年《外汇管制法案》确定 RBI 为印度外汇市场的主要管理部门，外汇管理部是 RBI 具体负责外汇交易和控制的部门。1999 年《外汇管理法》在序言中对 RBI 外汇管理的主要职责做了明确规定：推动对外贸易和支付，促进印度外汇市场有序发展。外汇管理部的职能主要包括：（1）管理经常项目及资本项目下的外汇交易；（2）保证出口货款如数、如期收回，并在听取贸易机构及出口商意见的基础上定期评估现行的外汇管理规则；（3）从授权经销商收集和处理外汇交易数据，为管理汇率及国际收支平衡提供参考依据；（4）发布关于银行外汇交易风险管理的指导性政策；（5）审批、监督银行及货币兑换商的外汇交易许可事务。

同时，RBI 在印度外汇管理改革中也起到非常重要的作用。1999 年《外汇管理法》发布后，RBI 基本主导了印度资本项目可兑换改革，随着外汇管理改革的推进，RBI 由汇率的决定者转变为汇率的管理者，行政干预频度逐渐减少，而是更多地采取经济手段和政策工具影响汇率市场预期。

二、印度对外贸易相关法律文件

由于可用性有限，很长一段时间内，外汇在印度被视为一种受管制的商品。1939 年 9 月，印度根据相关条例规定暂时实行了外汇管制，1947 年《外汇管制法案》（FERA）规定了外汇管制的法定权力，随后被 1973 年《外汇管制法案》（FERA）取代，这个法案授权储备银行控制和调节在印度境外的外汇支付、货币券和黄金的进出口、居民和非居民之间的证券交易、收购外国证券、收购境外不动产以及其他的事务。

1991 年开始实行的自由化措施促使印度放宽了相关外汇管理法规，并于 1993 年重新修订了《外汇管制法案》。印度对外部门的快速发展，如外汇储备大幅增加、对外贸易增长、实行合理化的关税、实施经常项目可兑换、对外直接投资的便利化均使得印度外汇市场环境发生较大的改变。为了适应外汇市场环境变化，印度于 1999 年颁布了《外汇管理法》（FEMA）取代了此前实行的《外汇管制法案》（FERA）。

（一）外汇相关法规

1999 年《外汇管理法》是目前印度外汇管理的主要法律。印度议会于 1999 年颁布该法律，2000 年 6 月 1 日起正式生效，该法律为印度资本项目可自由兑换和汇率市场化奠定了良好的基础，适用于印度境内机构及境外由印度居民所有或控制的机构。1999 年《外汇管理法》共七章 49 条，主要包括：序言、外汇交易的管理和规则、授权人、违反和处罚、判决和上诉、执行董事会和其他规则等内容。

（二）其他与外汇管理相关的法规文件

除 1934 年《印度储备银行法》、1999 年《外汇管理法》外，印度政府相关部门还制定了大量涉及外汇管理具体领域的管理规则，如 2000 年《外汇管理（在印度设立分支机构、办公机构或其他商业场所）法规》、《外汇管理（境外主体证券的转让和发放）法规》、《外汇管理（保险）法规》等。

1992 年《对外贸易法》为对外贸易的发展和规范提供法律依据以促进印度的进口贸易，扩大出口贸易以解决与进出口贸易相关的问题。2015 年，印度出台了《2015—2020 年对外贸易政策》，是目前印度对外贸易使用的主要法规文件，新政策按照"印度制造""数字化印度"和"丝路印度"计划而制定，旨在实现对印度经济的全球认同，推动印度成为全球投资目的地，刺激印度制造业和服务业出口，促进就业增长，减少贸易失衡，让印度在 2020 年成为全球贸易的重要参与者。

（三）海关管理相关法律法规

印度基本关税税率征收由 1962 年《海关法》和 1975 年《海关关税法》规定。1962 年《海关法》是印度管理进出口关税及规范关税估价标准的主要法律依据。该法共 17 章，包括海关职务、征收、减免关税、进出口货物的清关、退税、对伪劣商品的惩罚等。1975 年《海关关税法》共 13 款，详细规定了进出口商品海关关税分类、适用税率及具体征税办法。

关税是指进出口商品经过一国关境时，由政府设置的海关向其进出口商课征的一种税收。印度财政部下属的中央货物税和关税委员会负责关税制定、关税征收、海关监管和打击走私。印度对进口的商品征收基本关税、附加税、特别附加税及教育税。基本关税税率在 1975 年《海关关税法》中有明确规定，附加关税等同于针对印度国内商品所征收的消费税，特别附加税按照印度进口货物的 8% 进行征收，进口产品还需缴纳所缴税额 2% 的教育税，关税的计算标准为进口商品的交易价格。此外，根据 1962 年《海关法》为维护公平贸易，印度政府还可以对进口货物征收反倾销税、反补贴税和保障措施税。1975 年《海关关税法》对反倾销、反补贴税的征收措施进行了详细说明。

印度政府在每年的财政预算中公布关税调整政策，2018/2019 财年中央财政预算对关税调整如下：对进口货物征收 10% 社会福利附加费；进口用于制造太阳能电池的太阳能钢化玻璃免征关税；对花生油、红花籽油等食用油征收的关税从 12.5% 提高到 30%，对精制食用植物油的关税从 20% 提高到 35%，进一步加大对国内农业和农业从业者的保护；人造珠宝的关税从 15% 提高到 20%；所有品类的手表的进口关税翻了一番，达到 20%；液晶显示器（LCD）/发光二极管（LED）/有机发光二极管（OLED）面板、电视机组件的进口税提高到 15%；智能手表、可穿戴设备和鞋类的进口税增加一倍，达到 20%。总体估算，印度财政预算案把整体关税提高了大约 20%，且针对印度从中国进口的两大类产品。第一类是劳动密集型产品，如钟表、玩具、家具和鞋类制品；第二类是电子产品和通信设备，如手机、电视以及相关零部件，这两类产品主要从中国进口。

（四）非关税壁垒

自 1947 年《关税与贸易总协定》签署以来，全球的关税总水平呈逐年稳步下降趋势。虽然关贸总协定的多次谈判也以消除各类关税和非关税手段为目的，但随着国际经济与贸易的发展变化，非关税壁垒在当今国际贸易中被使用得更为广泛和隐蔽。反倾销、反补贴和保障措施是世界贸易组织（WTO）框架下重要的贸易救济制度，印度充分灵活运用 WTO 所允许的救济措施来保护国内产业利益。由于这三项措施使用条件较为宽松，操作上有较大的自主性，而且互为补充、安全有效，目前已经成为印度使用最频繁、应用最广泛的限制进口的贸易救济措施。印度目前实施的其他贸易壁垒主要体现在进口限制、技术性贸易壁垒、卫生与植物卫生措施、政府采购和服务贸易壁垒等几个方面。

印度贸易救济的法律框架在 1994 年《关税与贸易总协定》第 6 条基础上建立，以 1995 年修订的《海关关税法》第 9A、9B、9C 条和同时修订的《海关关税条例》两部分为主，还包括 1995 年《海关关税（对倾销商品及其倾销幅度的证明、计算及征收反倾销税和损害的确定）规则》。

（五）对外贸易政策相关法律法规

1992 年《对外贸易法》为对外贸易的发展和规范提供法律依据以促进印度的进口贸易，扩大出口贸易以解决与进出口贸易相关的问题。该法只涉及一般商品的进出口管理，强调中央政府制定政策的权力。根据 1992 年《对外贸易法》中第 19 条赋予的权力，1993 年印度政府制定了《对外贸易（管理）规则》，该规则对外贸法中未详细规定的事宜做出了专门规定。

2004 年，印度政府出台了五年对外贸易政策（2004—2009 年），政策明确将对外贸易定位为是实现经济增长的"发动机"，外贸政策主要目标：一是促进出口稳定增长，在今后 5 年内，印度年出口额不少于全球商品贸易额的 1%；二是为增加生产提供所需重要原材料、中间体、部件、消耗品、资本货物及提供服务，刺激经济稳步增长；三是加强印度农业、工业和服务业的技术实力和效率，在创造就业机会的同时，提高其竞争力；四是在为国内生产商创造一个公平竞争环境的同时，为消费者提供具有国际竞争价格的优质产品和服务。

2009 年，出台的对外贸易政策（2009—2014 年）中，印度特别强调了在后金融危机时期促进对外贸易发展、刺激经济复苏和增长的重要性，确保了印度在后危机时代对外贸易的稳定发展。印度政府采取包括财政刺激、改革机构、简化程序、加强全球市场准入、出口市场多元化、完善与出口相关的基础设施建设、降低交易成本、出口间接税全额退税等方式，扭转出口下降的趋势，2011 年 3 月前完成出口增长 15%，出口额达 2000 亿美元，2011—2014 年，出口额年增长 25%，到 2020 年，使印度在全球贸易中的份额翻一番。

2015 年，印度出台了新的五年对外贸易政策（2015—2020 年），是目前印度对外贸易使用的主要法规文件，新政策按照"印度制造""数字化印度"和"丝路印度"计划而制定，旨在实现对印度经济的全球认同，推动印度成为全球投资目的地，刺激印度制造业和服务业出口，促进就业增长，减少贸易失衡，让印度在 2020 年成为全球贸易的重要参与者。新政策主要内容及变化包括：一是对劳动密集型和高增长潜力行业的货物和服务出口增加两项奖励措施，出口奖励率分别为 2%—5% 和 3%—5%，同时允许出口项目下的开支用于抵扣进口商品缴纳的关税、国内采购缴纳的消费税及服务税；二是推动印度 2019/2020 财年货物及服务出口总额突破 9000 亿美元；三是政策的修订期限由原来的每年一次改为每两年半修订一次，并推行了每季度的进口考核机制；四是特定商品的网上出口交易、特别经济区企业出口、开拓特定欧盟市场、出口至与印度签订自由贸易协定国家的商品和服务等将获得政府相应奖励。

具体内容为：

贸易政策关注点。为了使出口促进措施更加集中和有效，印度在工业和农业产品中分别确定了部分产业部门和具有潜力的产业部门，鼓励向特定国家出口特定商品，作为奖励的关税信用凭证额度因商品及其出口市场而异，关税信用凭证额度占出口额的比重有所提高，且比较偏向于向发展中国家的出口，尤其是部分海产品、奶制品、动物制品。

评价机制。新五年贸易政策建立了持续进口评估机制，以确保政府各部门之间的协调，以设立合理的进口政策，目的是促进高附加值产品的出口，包括工程产品、电子产品和药品等。

产品策略。为解决药品行业面临的日本非关税壁垒以及中国的监管壁垒，自 2015 年 4 月 1 日起，印度对所有药品出口实行跟踪政策，在各区域开展一项医疗产品和医疗服务的综合方案，以向市场展示印度药品行业的独特优势。印度政府致力于鼓励和推广高科技产品，一些特定产品在政策期间内被选定为特别关注的对象，它所面临的问题和它的需求已经考虑在对外贸易政策框架中。

打造印度品牌。长期品牌战略化已经被构想为使印度在一个高度竞争的全球环境中保持自身地位，并确保"印度品牌"成为高品质的代名词。此外，在本项政策生效后的一年内，将启动注册为地理标志产品的品牌化和商业化，并促进其出口。

印度商品出口方案。持有"出口促进资本货物方案"许可证的厂商，如果用本地采购替代进口，其出口义务将比进口资本品条件下的出口义务减少 25%，从而增加了持有许可证厂商采用进口替代资本品的积极性。

贸易促进机制。通过由外交部提供的特殊信贷额度和印度进出口银行的买方信贷计划，大力鼓励项目出口，特别是在基础设施需求较高的新兴市场。此外，这将使印度企业能够发展长期的业务关系，使其他国家更容易接受印度的出口，并提升印度产品知名度。

基础设施建设。恢复税收优惠对加强经济特区竞争力至关重要，印度商务部将采取行动，不断提升经济特区竞争力，更好地为制造业和服务业出口服务。作为第一步，新对外贸易政策包含了恢复经济特区的具体措施。

贸易生态系统。为简化交易过程中涉及的各种手续和数字化，印度相关各部门正在采取各种措施简化行政程序，并减少交易费用，致力于实施世贸组织的贸易便利化协定。

印度政府认为出口能够切实提升一国经济能力和经济发展，通过对外贸易政策，印度政府设想：通过对外贸易在制造业和服务业创造就业机会；注重产品质量和标准，生产高质量产品；通过稳定的农业贸易政策鼓励原材料进口和加工产品出口；注重高附加值产品增值和技术输入；投资海外农业，为印度工业生产原料；降低进口原材料的关税；发展贸易基础设施，实施生产和出口的奖励措施。

（六）双边和多边贸易协定

FTA（自由贸易协定）是两个或多个国家或贸易集团之间的协定，主要同意减少或消除关税和非关税壁垒。FTA 通常涵盖货物贸易（如农业或工业产品）或服务贸易（如银行业、建筑业等）。FTA 还可以涵盖知识产权、投资、政府采购和竞争政策等其他领域。印度与斯里兰卡自由贸易协定就是一个例子。

PTA（特惠贸易协定）是成员国之间通过协定或其他形式，对全部商品或部分商品规定较为优惠的关税，但各成员国保持其独立的对非成员国的关税和其他贸易壁垒，是区域经济合作中最低级和最松散的组织形式。印度南方共同市场就是这样一个例子。但一般来说，PTAs 不涵盖实质上所有的贸易。

CEPA（全面经济伙伴关系协定）协定范围包括商品、服务和投资以及知识产权、竞争等其他领域。印度日本 CEPA 就是这样一个例子，它涵盖了广泛范围内的贸易便利化、海关合作、投资、竞争、知识产权等其他内容。

表 6-1　　　　　　　　印度主要的双边和区域贸易协定

序号	简称	名称	成员国		FTAs/PTAs
			个数	国家	
1	APTA	亚太贸易协定	5	孟加拉国、中国、印度、韩国、斯里兰卡	PTA
2	India ASEAN TIG	印度—东盟货物贸易协定	11	文莱、柬埔寨、印度尼西亚、老挝、马来西亚、缅甸、菲律宾、新加坡、泰国、越南和印度	FTA
3	BIMSTEC	孟加拉国、印度、缅甸、斯里兰卡、泰国经济合作	7	孟加拉国、印度、缅甸、斯里兰卡、泰国、不丹和尼泊尔	谈判中
4	GSTP	全球贸易优惠制度	44	阿尔及利亚、阿根廷、孟加拉国、贝宁、玻利维亚、巴西、喀麦隆、智利、哥伦比亚、古巴、韩国、厄瓜多尔、埃及、加纳、几内亚、圭亚那、印度、印度尼西亚、伊朗、伊拉克、利比亚、马来西亚、墨西哥、摩洛哥、莫桑比克、缅甸、尼加拉瓜、尼日利亚、巴基斯坦、秘鲁、菲律宾、罗马尼亚、新加坡、斯里兰卡、苏丹、泰国、特立尼达和多巴哥、突尼斯、坦桑尼亚、委内瑞拉、越南、南斯拉夫、津巴布韦	PTA

序号	简称	名称	成员国		FTAs/PTAs
			个数	国家	
5	IBSA	印度、巴西和南非	3	印度、巴西和南非	谈判中
6	SAFTA	南亚自由贸易协定	7	印度、巴基斯坦、斯里兰卡、尼泊尔、孟加拉国、不丹和马尔代夫	FTA
7	JICEPA	印日全面经济伙伴关系协定	2	日本、印度	FTA

三、印度外汇管理政策变化历程

(一) 外汇管制阶段 (20世纪90年代以前)

1911年，英属印度殖民政府宣布加入英镑区，印度卢比实行与英镑挂钩的固定汇率，印度对外贸易以英镑进行结算。1947年独立后，印度开始探索适应本国发展的外汇管理体制，印度卢比实行盯住英镑的固定汇率。受国内外经济和金融因素的影响，1975年，印度放弃了盯住英镑的固定汇率制度，改由一篮子货币决定卢比汇率。1984年，印度开始放宽对外汇的管制，吸引境外直接投资，允许企业通过境外商业借款、境外发行债券等方式进行融资。

从建国后到改革以前，外汇管制对印度经济发展发挥了积极作用，外汇储备帮助印度在短时间内建立了重工业体系，对外资的限制保护了印度民族工业的发展，稳定的汇率为对外贸易提供了良好的外部环境。

(二) 外汇管理改革阶段 (20世纪90年代以后)

20世纪90年代初，受国内外政治经济环境影响，印度经济发展缓慢，财政赤字严重，外汇储备急剧下降，外资流出引发严重的国际收支危机，因此印度开启市场化改革。

1. 推进经常项目可兑换 (1991—1995年)

印度通过推进汇率制度改革，逐步从固定汇率制度到实行有浮动的、由市场决定的汇率制度，来实现经常项目可兑换。在吸取1991年国际收支不平衡带来的教训后，印度政府决定对包括汇率制度在内的一系列对外经济制度进行改革，以应对未来国际收支失衡对国内经济可能造成的冲击。印度于1992年3月开始实行固定汇率与浮动汇率双重汇率制度，并在一年后完成汇率并轨，实行

"未事先宣布路径的管理浮动汇率制度"，由市场供求决定印度卢比汇率的波动。1994 年 8 月，印度宣布成为 IMF 第八条款国，实现了卢比在经常项目下的自由兑换。

2. 探索资本项目可兑换（1995—2000 年）

印度对于资本项目的开放采取了积极而又审慎的态度。RBI 将资本项目可兑换目标定义为通过由市场决定的汇率，把境内金融资产自由地转换为境外金融资产。1997 年，印度成立了资本项目自由兑换委员会，探索资本项目的开放路径，指明了开放资本项目需要具备的经济前提，并规划了资本项目自由兑换的三年时间表。但 1998 年亚洲金融危机严重冲击了印度对外贸易，同时出现大量资本外流，GDP 增速放缓，卢比快速贬值，印度延缓了该时间表的实施进程。

2000 年，印度国会通过 1999 年《外汇管理法》，印度外汇管理政策逐渐摆脱计划经济阶段的管制思路，不再只强调积累外汇储备，而是更加重视发展金融市场，防范外汇风险。1999 年《外汇管理法》在法律上巩固了印度经常项目自由兑换的成果，进一步推进了资本项目自由化进程。

3. 进一步推进资本项目可兑换（2000 年以后）

2006 年，印度经济进入持续快速增长，成为备受关注的"金砖国家"之一。为了建立放松资本账户管制的全面中期工作框架，RBI 重新评估资本项目可兑换进程，认为通过五年的时间跨度可以实现卢比国际化，同时建议通过适当的政策保障财政和金融稳定。其中，2006/2007 财年为第一阶段，重点推进卢比在对外贸易中的结算功能，2007/2008 财年为第二阶段，逐步放开卢比流出管制，建设卢比离岸市场，2009/2010 财年为第三阶段，实现卢比的自由兑换并争取成为储备货币，每个阶段均由 RBI 评估实施效果后再决定是否进入下一阶段。

目前，在资本项目开放方面，就机构和个人所涉及的大多数交易而言，印度卢比已经实现可自由兑换。但出于应对可能出现的金融危机的需要，印度不仅限制短期境外商业借款和国内居民将其国内银行存款和闲置资产转换成外币资产，而且对一些投机倾向较强的国际资本进行了一些特殊的制度安排。因此，目前印度仍未能实现完全的资本项目可自由兑换。

四、印度外汇管理现状

(一) 汇率

印度的货币为卢比，汇率结构为单一汇率，印度卢比的汇率由银行间市场决定，RBI 在该市场上按市场汇率与授权经销商进行即期和远期交易。

印度汇率政策的演变与其国内外经济金融形势发展同步。独立后的一段时期内，印度卢比以固定汇率制度为标志，这与当时盛行的布雷顿森林体系相一致，由于与英国的历史联系，印度卢比一直与英镑挂钩。20 世纪 70 年代早期，布雷顿森林体系崩溃后，大多数国家转向了一个灵活有管理的汇率体系，随着印度国际贸易多样化，英国在印度贸易中所占份额不断下降，加上印度卢比与单一货币挂钩的弱点显现，印度卢比在 1975 年与英镑脱钩，其后汇率变动由其主要贸易伙伴一篮子货币的每日汇率变动决定。

1992 年 3 月，印度正式启动汇率制度改革。1992—1995 年，印度卢比盯住单一货币美元，之后 10 年中，实行有管理浮动（不事先宣布汇率路径）的汇率制度，2006—2010 年，实行有管理浮动（不事先确定汇率路径）的汇率制度，2010 年被 IMF 确定为浮动汇率经济体。其中，1994 年 8 月，印度宣布接受国际货币基金组织协定第八条款，印度卢比在经常项目下实现了可自由兑换。1999 年《外汇管理法》将汇率政策中的"管制"改为"管理"，随着印度逐渐开放资本项目和加大对外汇市场的培育力度，市场在汇率决定中的基础性作用日益显现，为印度实施自由浮动汇率制度奠定了坚实的基础。

RBI 的汇率政策重点是确保外汇市场的有序状态，为了达到这个目的，RBI 密切关注国内外金融市场的发展，必要时通过买卖外汇来干预市场，或直接通过银行进行市场操作。RBI 主要通过以下政策性工具进行汇率调控，如通过提前偿还国际组织贷款、对外资流入征税等，保持外汇供求平衡应对长期资本流动，通过货币政策调节中期资本流动，达到降低外资对股票、债券等市场的干扰，通过公开市场操作和流动性调节隔夜资本流动。除了远期外汇合约等传统工具外，RBI 还不断促进外汇市场衍生工具的增加，允许卢比在交叉货币期权、利率互换、货币互换、远期利率协议和货币期货市场上进行交易，外汇衍生产品逐渐丰富。

为稳定印度卢比汇率，RBI 对外汇市场实施过较为强烈的干预，分别是

1995—1996 年、1998—1999 年、2003—2008 年以及 2008 年国际金融危机发生以来的汇率干预。1995—1996 年，卢比面临的贬值压力较大，RBI 通过收缩卢比市场投放稳定汇率，同时还利用行政干预，如对进口支付进行审核等来缓解贬值压力。1998—1999 年，亚洲金融危机使印度政府再次面临本币贬值以及国内生产总值增速放缓的压力，RBI 通过提高银行准备金率和回购利率来抵御投机资本。2003—2008 年，印度卢比升值压力较大，而 2008 年国际金融危机后贬值压力不断增大，这两阶段印度政府主要通过经济手段管理汇率。

2016/2017 财年，除短暂的汇率波动外，印度外汇市场总体稳定。2016 年 11 月，印度卢比受到美国总统选举和印度非货币化政策共同影响，下行压力较大。2017 年 3 月，因国内政治形势发展变化，印度卢比大幅升值。2016/2017 财年，在货币篮子的 36 个币种中，印度卢比名义有效汇率基本保持稳定，相比之下，印度卢比的实际有效汇率连续三年升值，反映了印度相对于其贸易伙伴相对价格指数的增长。随着宏观经济状况的改善，如低通胀、持续的财政改革、温和的经常账户赤字和不断增加的资本流入，印度金融市场预计将在短期内保持弹性。

2016/2017 上半财年，印度卢比汇率主要在一定区间范围内进行交易，除了 2016 年 5 月中旬至 7 月中旬期间，由于英国退欧公投的不确定性，卢比汇率面临贬值压力。2016 年 3 月底，美元对印度卢比汇率 66.33，2016 年 6 月 24 日英国脱欧公投结果出台当天，美元对印度卢比汇率触及 68.01 的低点，但在 7 月初恢复，并继续保持双向波动。

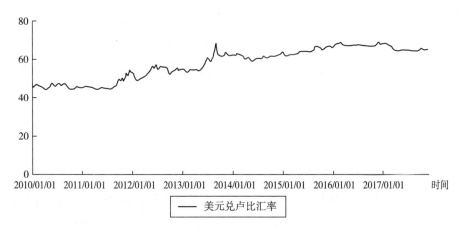

图 6 - 1　2010 年以来印度卢比兑美元汇率变动

（数据来源：印度储备银行网站）

（二）外汇储备

1. 外汇储备管理内容和目的

RBI 是印度外汇储备的保管者和管理者，负责储备币种构成和资产分配，同时负有管理其投资的责任。近年来，由于 RBI 资产负债表上的外币资产份额大幅增加，随着全球市场汇率和利率的波动性加大，保持储备价值并获得合理回报的任务变得非常具有挑战性，因此，储备银行的外汇储备管理功能在重要性和复杂性方面都有所增长。

印度管理外汇储备的主要目的是保持外汇储备安全和一定的流动性，而收益回报是次要的。同时持有外汇储备的目的是影响储备货币组合，满足交易动机，提供给国内外市场信心。《印度储备银行法》允许储备银行将外汇储备投资于以下类型的工具：

（1）国际清算银行和其他中央银行的存款；

（2）外国商业银行的存款；

（3）代表主权或主权担保责任的债务工具，期限不超过 10 年；

（4）依照本法规定，由储备银行中央委员会批准的其他工具和机构；

（5）某些类型的衍生品。

印度为提高现有外汇储备的投资效率，主要采取了以下措施：（1）在世界范围内开发油气和煤炭资源；（2）适当放宽居民和企业使用外汇的限制，鼓励企业开展对外投资； （3）提前偿还部分外债，减轻未来还本付息的负担；（4）采取灵活的外汇投资策略，提升外汇投资安全性；（5）以一种更具生产性的方式——投资基础设施建设，如修建公路、学校等来促进经济的长远发展。

2. 外汇储备风险管理

外汇储备管理的总体战略包括货币构成和投资政策，风险管理职能目的是确保按照最佳国际惯例、改进问责制、在所有业务中提高风险意识、有效分配资源和提升内部技能和专业水平，建立健全的治理结构。

（1）信用风险。RBI 对其在国际市场上投资外汇储备所面临的信用风险十分敏感。RBI 的外汇储备主要投资于高评级的主权国家、中央银行和国际组织发行的债券和国债。此外，还包括存款存放在中央银行、国际清算银行和商业银行的海外分支机构。印度储备银行为选择发行人/交易对手方已制定了必要的准则和严格的标准，以提高外汇储备的安全性和流动性，对已批准的交易对手的信用风险敞口进行持续监测，这种持续行为的目的是评估交易对手的信用质量是否受到潜在威胁。

（2）市场风险。多币种投资组合的市场风险代表了金融市场价格变动引起估值的潜在变化，如利率、汇率、股票价格和商品价格的变化。中央银行市场风险的主要来源是货币风险、利率风险和黄金价格波动。由于汇率和黄金价格的变动，外币资产（FCA）和黄金估值的收益/损失被计入货币和黄金估价账户（CGRA）资产负债表，CGRA 的余额为汇率/金价波动提供了缓冲。外国长期证券市场价格的升值/贬值所带来的价值变动通常在每月最后一个工作日被转移到投资重估账户（IRA），IRA 的余额是用来缓冲在持仓期间证券价格的变动。

（3）货币风险。货币风险是由汇率变动引起的。根据汇率的可能变动和出于对中长期影响因素的考虑，RBI 决定不同货币的长期敞口，决策程序由定期审查情况而定。

（4）利率风险。利率风险管理的关键环节是尽可能地保护投资的价值，避免利率变动的不利影响。投资组合的利率敏感性是根据基准持续时间和允许偏离基准值来确定的。

（5）流动性风险。流动性风险是指在不需要重大成本的情况下，外汇储备能够随时兑现和支付的风险。为了能够满足任何不可预见和突发事件，外汇储备必须在任何时候都有高水平的流动性，因此，流动性较强的投资组合是外汇储备投资战略中的一个必要约束。例如，在一些市场中，美国国债可以在大量交易中进行清算，而不影响市场价格，因此可以将其视为是流动的。除了国际清算银行、商业银行海外分支机构、中央银行的固定存款和跨国发行的证券外，几乎所有其他类型的投资都是具有高度流动性的工具，可以在短期内兑换成现金。RBI 密切监测部分外汇储备，这些储备可以在很短的时间内转换成现金，以应对任何未预见到的紧急需要。

（6）操作风险和控制体系。与全球趋势相一致，RBI 密切注意加强业务风险控制安排，关键操作程序均会记录在案。在内部，前台和后台功能完全分离，内部控制系统确保在交易捕获、交易处理和结算阶段进行多次检查。交易处理和结算系统，包括支付指令的生成，也必须遵循一点数据录入原则的内部控制准则。并行审计系统用于监督所有内部控制准则的合规性。此外，定期对账，除了内部年度检查外，账目由外部法定审计员审核。全面的报告机制，根据信息的类型和敏感性，定期向高级管理人员提供不同时间间隔内（每日、每周、每月、每季、每半年和每年）涉及与准备金管理有关的重要活动内容。

3. 外汇储备的来源

自1991年实行经济改革以来，印度外汇储备总额不断增加。1995年印度外汇储备较1991年增长了2.5倍，达到252亿美元，2003年12月首次突破1000亿美元。截至2017年9月，印度外汇储备总额4002亿美元，其中，外币资产（FCA）总额3752亿美元，黄金储备（Gold）总额212亿美元，特别提款权（SDR）总额15亿美元，在国际货币基金组织的储备头寸（RTP）总额23亿美元。

尽管美元和欧元都是干预货币，但印度外币资产以主要货币（美元、欧元、英镑）进行维持，外汇储备以美元进行计价。FCA的变动主要由于RBI购买和出售外汇储备、经营外汇储备获得收益、中央政府获得对外援助收入以及资产重估而引起的变化等方面。目前印度储备银行持有557.79吨黄金，其中265.49吨黄金由英格兰银行和国际清算银行进行保管。截至2017年9月底，黄金储备占印度外汇储备的比例为5.3%。

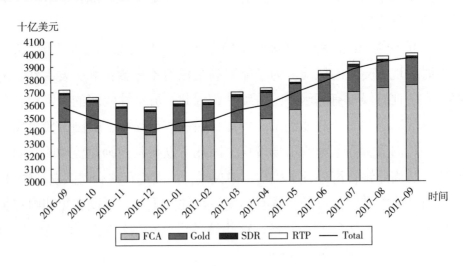

图6-2　印度外汇储备主要构成及变化情况

（数据来源：印度外汇储备报告）

从国际收支平衡表数据来看，外汇储备在2016年4月至2017年6月增加了114亿美元，而上一财年同期只增加了70亿美元。价值增加主要反映了美元兑其他主要货币出现贬值，在2017年4月至2018年6月价值变动增加52亿美元，而上一财年同期则减少36亿美元。从表6-2可知，印度外汇储备增长主要来自资本与经常账户。自1983年以来，印度资本与金融账户一直处于顺差状态，其中，近年来由于印度不断调整外汇管理政策，改善投资环境，吸引了大量外商直接投资和证券投资流入，使得印度资本与金融账户保持较大顺差，也成为印度外汇储备增长的主要来源。

表 6 - 2　　　　　　　　印度外汇储备变动主要来源　　　　　单位：十亿美元

	项目	2016 年 4 月至 2017 年 6 月	2017 年 4 月至 2018 年 6 月（预测）
Ⅰ	经常账户余额	- 0.4	- 14.3
Ⅱ	资本账户余额	7.4	25.7
A.	境外投资（其中）	6.0	19.7
（ⅰ）	外商直接投资	3.9	7.2
（ⅱ）	证券投资（其中）	2.1	12.5
	境外机构投资者（FII）	1.2	11.9
	美国存托凭证（ADR）/海外存托凭证（GDR）	0	0
B.	银行资本	- 0.1	6.2
C.	短期负债	- 0.3	0.6
D.	国外援助	0.7	0.6
E.	境外商业借款	- 2.0	- 0.3
F.	资本账户其他项目	3.1	- 1.1
Ⅲ	价值变动	- 3.6	5.2
	总计	3.3	16.6

资料来源：印度外汇储备报告。

从外汇储备充足性来看，截至 2017 年 6 月底，印度外汇储备能够满足 11.1 个月的进口支付需求，较 2017 年 3 月底下降 0.2 个月。短期负债与外汇储备比率由 2017 年 3 月底的 23.8% 下降至 6 月底的 23%。可变资本流动与外汇储备比率由 2017 年 3 月底的 88.1% 下降至 6 月底的 87.6%。

（三）居民账户管理

居住在不丹和尼泊尔的印度、不丹及尼泊尔公民、企业、公司和其他机构（包括总部和分支机构）的账户，均视为居民账户，但尼泊尔居民的外汇需求由尼泊尔国家银行提供，除 RBI 普通许可所规定的情况外，开立境内外外币账户都必须得到 RBI 的事前批准。

表6-3 印度居民开立外币账户情况

	外汇收入外币账户	居民外币（国内）账户	居民外币账户
开立者	外汇收入者	个人	个人
账户类型	仅限现金	仅限现金	现金/储蓄/定期存款
利息	无利息收入	无利息收入	根据规定
贷记项目	1）100%从出口获得的外汇收入； 2）出口货物和服务获得的预付款项； 3）偿还外国进口商贷款； 4）收回对美国存托凭证/海外存托凭证的投资收入； 5）职工报酬收入，如董事/顾问/演讲费、酬金等，或由专业人士以个人身份提供服务而获得的其他收入； 6）账户内持有资金的利息收入； 7）新设立公司或其海外子公司销售/出口获得外汇收入	1）作为报酬/服务/礼品/酬金获得的外汇； 2）境外旅游未使用的外汇； 3）亲属捐赠； 4）出口货物/服务获得的收入； 5）将股份兑换为美国存托凭证/海外存托凭证的投资收入； 6）从印度保险公司以外汇形式获得的索赔/到期/退保金额收入	1）从境外雇主获得的退休金/其他现金外汇收入； 2）资产变现成的外汇； 3）获得的捐赠和遗产； 4）在1947年7月8日之前获得的外汇，或在印度境外持有RBI许可而获得的任何外汇收入； 5）从印度保险公司以外汇形式获得的索赔/到期/退保金额收入
借记项目	1）任何允许的经常或资本账户交易； 2）采购成本； 3）关税； 4）与贸易有关的贷款和预付款	可用于任何允许的经常/资本账户交易	没有限制

资料来源：印度储备银行网站。

（四）非居民账户管理

1. 非居民卢比账户

居住在国外的印度公民或在印度出生的外国人（巴基斯坦和孟加拉国公民除外，孟加拉国和巴基斯坦公民开立账户应事前获得印度储备银行批准）、海外法人团体、由印度非居民直接或间接拥有的至少60%产权的其他法人团体以及由印度非居民拥有至少60%不可撤销的产权的海外信托机构可以开立非居民卢比账户，这些账户的余额可以自由兑换为外币。

2. 非居民境外卢比账户

居住在印度境外以卢比进行交易的个人以及由非居民拥有的至少60%产权的海外企业或合伙公司可以开设非居民境外卢比账户。除根据1999年《外汇管理法》持有许可证的授权经销商外，经RBI批准并且满足一定的条件的国家合作银行、城市合作银行以及计划商业银行不需要许可证也可以开立非居民境外卢比账户。

3. 非居民外币账户

居住在国外的印度公民或在印度出生的外国人（巴基斯坦和孟加拉国公民除外，孟加拉国和巴基斯坦公民开立账户应事前获得印度储备银行批准）以及由非居民拥有的至少60%产权的海外企业可以开立欧元、日元、英镑和美元的非居民外币定期存款账户。账户余额可以随时汇出境外，不需RBI批准。某些情况下，在同一授权经销商开立的属于不同个人的非居民外币账户之间，以及在不同授权经销商开立的非居民外币账户之间，可以自由划拨资金。

表6-4　　　　　　　　　　非居民在印度开立账户情况

项目	非居民卢比账户 （NRE账户）	非居民外币账户 ［FCNR（B）账户］	非居民境外卢比账户 （NRO账户）
开立者	1）居住在国外的印度公民； 2）除孟加拉国、巴基斯坦等国家以外的任何国家的公民，或由中央政府指定的其他国家的公民； 3）孟加拉国和巴基斯坦公民开立账户应事前获得印度储备银行批准		1）居住在印度境外以卢比进行交易的个人； 2）巴基斯坦国籍的个人和实体企业以及孟加拉国籍的实体企业开立账户需求事前获得印度储备银行的批准； 3）印度邮政局可以为居住在印度境外的个人开立银行储蓄账户
货币	印度卢比	任何被允许的货币，例如可兑换的货币	印度卢比
账户类型	现金/储蓄/定期存款	仅限短期存款	现金/储蓄/定期存款
定期存款期限	1—3年，但从资产负债的角度来看，银行被允许接受NRE账户3年以上卢比存款	不少于1年，不多于5年	适用居民账户定期存款期限
贷记项目	1）来自印度境外的汇入汇款、账户利息、投资收益，来自其他NRE/FCNR（B）账户的汇款，投资的到期收益（如果这些投资是通过该账户或通过汇入汇款进行的）； 2）经常项目收入，如租金、股息、养老金、利息等		1）来自印度境外的汇入汇款、在印度属于合法的收入和来自其他NRO账户的汇款； 2）由居民在自由汇款计划规定的限额内向境外非居民提供的卢比形式的捐赠/贷款

续表

项目	非居民卢比账户 （NRE 账户）	非居民外币账户 ［FCNR（B）账户］	非居民境外卢比账户 （NRO 账户）
借记项目	1）用于本地支付，汇款到印度境外，转账到其他 NRE/FCNR 账户； 2）在印度账目往来和投资		1）用于本地支付，转账到其他 NRO 账户或将经常项目收入汇到境外； 2）根据 2016 年外汇管理条例规定，NRO 账户余额不得汇到境外，除非境外非居民账户余额高达 100 万美元； 3）100 万美元以内的资金可以比较容易地转移到 NRE 账户
税收	账户中的收入可以免除所得税，余额可以免除财富税		纳税
境内贷款	1）在满足保证金的要求下，授权经销商可以不受限制的向账户持有者/第三方发放贷款，这些贷款不能汇到印度境外，只能在印度使用，并用于规定项目； 2）如果第三方贷款被批准，非居民存款人同意抵押存款以使居民个人/企业/公司获得此类便利，但不应存在直接或间接的外汇成本； 3）如果账户持有人贷款被批准，则可以通过调整存款或通过银行将境外存款汇入或 NRO 账户余额进行偿还		在印度，针对已有存款的贷款可以按照通常的标准和保证金要求，向账户持有人或第三方发放。贷款金额不能用于转借、进行农业/种植活动或投资房地产
境外贷款	在满足保证金的要求下，授权经销商可以允许其境外分支机构/账户行根据存款人的要求给予非居民存款人或第三方提供贷款，以达到保护印度 NRE/FC-NR（B）账户中资金安全的目的		不被允许

资料来源：印度储备银行网站。

（五）个人外汇管理

1. 汇款

根据 2004 年 2 月 4 日推出自由化汇款计划，印度允许所有居民（包括未成年人）每个财政年度（上一年 4 月至本年 3 月）自由汇出 25 万美元，用于任何经允许的经常账户或资本账户交易。在该计划下汇款次数不受限制，但如果汇款总额一旦超过 25 万美元，居民个人本财政年度将不能再进行跨境汇款。在财政年度总额 25 万美元的基础上，个人可将汇款用于以下目的：（1）出访任何国家（除尼泊尔和不丹）；（2）馈赠或捐赠；（3）出国工作；（4）移民；（5）亲属间无偿援助；（6）商务旅行或参加会议或专业培训，支付会议费用或医疗费用等；（7）留学等。禁止将汇款用于以下目的：（1）支付如2000年外汇管理法规禁止交易的经常项目；（2）用于境外保证金交易；（3）用于在境外二级市场购买可转换债券；（4）用于在境外外汇市场上交易；（5）直接或间接地向被金融行动特别工作组列为"非合作国家和地区"的国家进行汇款；（6）直接或间接地向被确定具有恐怖主义行为的个人或团体进行汇款等。

对于允许交易的经常项目汇款，如果汇款申请人是银行的新客户，授权经销商会对账户的开立、运行和维护进行尽职调查。此外，授权经销商会向申请人获取前一年的银行对账单，以确定汇款资金来源。如果无银行对账单，授权经销商可向申请人获取最新的所得税评估令或申报表副本。

2. 本外币现钞管理

除以下（1）项及（2）项外，前往所有国家的印度旅客均可购买外币现钞/硬币，每次只可兑换3000美元，余额可以储蓄卡、旅行支票或银行汇票的形式进行留存。例外情况：（1）前往伊拉克和利比亚的旅客兑换的外币现钞和硬币总额不超过等值5000美元；（2）前往伊朗伊斯兰共和国、俄罗斯联邦和其他独立国家联合体的旅客可兑换外币现钞和硬币总额最高达25万美元。前往麦加朝圣的旅客，可以全额兑换25万美元现金或由印度麦加委员会指定的限额。

印度居民从境外国家（除尼泊尔和不丹外）携带入境的印度卢比现钞金额每人不超过2.5万卢比，从尼泊尔和不丹携带入境的印度卢比现钞面值不能超过100卢比。非印度居民（不包括巴基斯坦和孟加拉国居民，来自或前往巴基斯坦和孟加拉国的旅客）仅通过机场入境时每人携带现钞不超过2.5万卢比。前往巴基斯坦和孟加拉国的印度居民入境时携带的印度卢比现钞金额每人不超过1万卢比。

从国外携带入境的外汇金额不受限制。但如果以现钞、银行票据、旅行支票等形式携带的外汇总额等值超过1万美元或仅外币现钞总额等值超过5000美元，在抵达印度时，应向机场海关当局申报货币申报表。

（六）证券交易管理

1. 非居民境内购买证券

1992年，印度开始实施境外机构投资者制度，允许境外机构投资印度国内上市的证券、基金、信托等金融产品。印度对境外机构投资总额没有限制，但要求境外投资机构在其上市公司内持股不能超过 24%，单个境外机构投资债券不得超过其投资总额的 30%。1996 年，印度取消境外机构投资债券的比例限制，并陆续放开境外机构投资政府债券、公司债券和金融衍生品。1998 年，印度对境外机构投资上市公司持股比例上限调整至 40%，股票交易不需要再报印度储备银行备案。2006 年，印度允许境外一般投资者投资其股票市场，对于境内机构持股比例不超过 49% 的境外投资，不需要印度证券交易委员会审批。2007 年，印度进一步向境外一般投资者开放国债和公司债市场。

非居民（除印侨和海外法人团体外）可以通过出售或赠送的方式将股票和可转换债券转让给其他非居民（含印侨）；但如果受让人在受让前与该股票或债券有利益关联，则必须获得印度商务工业部下的工业援助秘书处及财政部下的外国投资促进委员会的预先批准。

印侨和海外法人团体可以通过出售或赠送的方式将股票和可转换债券转让给其他印侨；但如果受让人在受让前与该股票或债券有利益关联，则必须获得印度中央政府的预先批准。

2. 非居民境内出售和发行证券

非居民不能在印度境内市场上发行有价证券。经 RBI 批准，非居民可以将其持有的印度公司发行的股票或可转换债券通过赠送的方式转让给印度居民，或通过注册经纪商出售给在证券交易所注册的印度公司。如果没有其他汇回限制，并且原始投资是经过批准的，允许将完税后的售券收入汇出境外。非居民之间转让有价证券不需要 RBI 的批准，但非居民受让人购买印度公司发行的股票需要得到许可。

（七）直接投资管理

随着时间的推移和不同类型的资本流入，印度资本项目自由化的步伐也不断加大。20 世纪 80 年代，印度资本项目因外商直接投资流入的机会有限而关闭，20 世纪 90 年代初的经济自由化计划之后，资本项目逐渐自由化，允许一些外国直接投资和投资组合流入股票市场，之后，一些商业债务操作也被允许。

1. 对外直接投资

印度企业对外直接投资有两个通道：（1）自动通道。该通道不需经 RBI 许可，即可在境外投资设立合资企业或全资海外附属机构，印度企业应向获批准的授权经销商——银行申请提交一份 ODI 表格和影响投资款项汇出的规定文件。

但是，如果投资涉及金融服务部门时，印度和境外的监管部门都需要进行事前审批。（2）政府通道。该通道需事先取得 RBI 许可，RBI 主要依据申请企业的财务状况、历史记录、过去的出口情况以及该投资是否有利于出口创汇、技术转移、创利和股息分红等原则进行审批。

印度境外直接投资企业必须遵守以下规定：（1）收到股份证明或其他任何有关境外直接投资的证明文件后，应在 6 个月内提交给指定的授权交易商；（2）从境外合资企业或全资海外附属机构获得的所有应收款如股息、特许权使用费、技术费用等应汇回印度；（3）每年通过指定的授权经销商向储备银行提交一份关于境外合资企业或全资海外附属机构的年度执行报告；（4）应在东道国主管部门批准合资企业或全资海外附属机构关于业务多元化或设立下属子公司或改变其股份持有模式的决定后 30 日内向印度储备银行进行报告；（5）如果相关投资撤回，应在股票/证券出售后 90 日内将销售收益汇回印度，并将相应文件证明通过指定的授权经销商提交到储备银行。

授权交易商有权从印度投资者的出口创汇企业外币账户中提取 15000 万美元以下的资金用于三年期以下的对外直接投资项目。另外，RBI 规定，允许在任何国家投资 1500 万美元以下建立合资企业或全资海外附属机构，允许在尼泊尔和不丹进行 6 亿卢比以下的投资。对于前三年内累计出口或创汇超过 2500 万美元的计算机软件企业，RBI 允许其将 50% 的外汇收入用于对外直接投资，但连续三个会计年度内的累计投资额不能超过 2500 万美元。

2. 外商直接投资

外国企业进入印度市场投资有两个通道：（1）自动通道。该通道不需经 RBI 许可。（2）政府通道。该通道下境外投资者需事先取得印度财政部外国投资促进委员会的批准，境外投资者要在印度投资委员会的网站上进行线上申请。

1991 年，印度政府更新了《外商直接投资使用部类特别准则》，其中 35 个鼓励类行业内持股 51% 以下的 FDI 可获得自动批准，其他行业的 FDI 集中交由投资促进委员会审批。1997 年，印度进一步放开 FDI 名录，电信、机场等 9 个行业的外资持股上限放宽至 74%。2001 年，印度允许外资在旅游、污染治理和快递等行业全额控股，开放外商直接投资进入电力、媒体和非银行金融等领域，但需要逐笔审批。2011 年，印度允许外资进入种子和农作物生产领域。

2015 年，印度放宽了建筑业、矿产业等 15 个主要行业的外资进入门槛，新闻传媒、电视等领域的 FDI 上限从 26% 提高至 49%，电信、数字网络等领域的

FDI 上限从 74% 提高至 100%。之前完全对外资不开放的零售业也逐步放松管制，自投资之日起五年内采购至少 30% 的印度制造商品，外资零售商即可在印度运营。2016 年，印度开放了包括国防、制药等领域的全额外商投资。国防方面，外资超过 49% 以上的，能给印度带来现代科技的投资可经政府批准后实施。保险和养老金行业，FDI 限制从 26% 提高到 49%。电子商务零售业允许 100% 的外国直接投资。房地产和基础设施领域，政府允许外商直接投资房地产投资信托基金和基础设施投资信托基金。制药方面，投资比例 74% 以下的外资可以通过自动通道投资现有药品企业，但超过 74% 的 FDI 需要经过批准。目前仍然禁止外商直接投资的领域包括：（1）彩票业，包括政府或私人彩票、网上彩票等；（2）赌博业包括赌场等；（3）儿童基金；（4）可转让的不动权交易；（5）房地产企业或农村宅基地建设；（6）雪茄、香烟或替代品制造；（7）不向私人部门开放的投资领域，如核能部门、铁路部门等。

（八）对印度境内不动产交易的管制

1. 印侨的不动产交易

印度允许印侨取得和转让除农业用地、种植用地及农场用地以外的不动产。但印侨只能将不动产转让给印度居民、印侨或其他境外印度居民。

2. 印度境外居民的不动产交易

印度允许境外出生的印度人购买除农业用地、种植用地及农场用地以外的不动产，但必须使用其非居民账户中从境外汇入的资金购买。转让时只能将不动产转让给印度居民。

3. 因经营活动需要而进行的不动产交易

经过 RBI 的事前批准，印度境外居民可以在印度设立分支机构、工程项目办公机构或者其他商业场所。因上述商业场所（除联络办事处外）开展经营活动需要，印度境外居民可以在印度境内取得不动产，但必须在取得之日后 90 日内向 RBI 提交申报表，印度境外居民如果要转让不动产必须首先抵押给授权经销商。

4. 外国使馆、外交官及总领馆的不动产交易

允许外国使馆、外交官及总领馆购买除农业用地、种植用地以及农场用地以外的不动产，但必须首先获得印度外交部的许可证，且使用通过银行渠道从境外汇入的资金购买。

5. 外国公民的不动产交易

外国公民要取得或转让印度不动产，均需获得 RBI 的特别许可。

6. 禁止某些国家公民在印度取得或转让不动产

没有获取 RBI 的事前批准，巴基斯坦、孟加拉国、中国、尼泊尔、阿富汗、伊朗、斯里兰卡及不丹 8 个国家的居民不得在印度取得不动产、转让不动产或租用不动产超过 5 年。

第七章　印度税法

一、印度税制

税制是税收法规和稽征管理制度的总称。印度实行以流转税为主体税种的税收体系。在 1988 年的中央税总收入中，国内货物与劳务税占 43.84%，国际贸易与转让税占 37.71%，对收益与资本课税占 18%。

（一）税制结构

中央征收的税种有：个人所得税、公司税、改良增值税、财富税、赠予税、资产继承税、关税、邦际销售税、印花税、支出税、国内航空税等。由邦征收的税种有：土地税、机动车辆税、改良税、不动产转让税、邦内销售税、邦印花税、社会保险税、凭证登记税等。

1. 改良增值税

1985 年颁发的中央货物关税法引入改良增值税方案，于 1986 年 3 月 1 日起生效，以逐步取代原有的国内消费税。对税法规定所列举的应征国内消费税的制成品所耗用的半成品，允许抵免购买这些半成品时已付的中央国内消费税。这种抵免要由纳税人提出申请。

2. 消费税

联邦政府对在印度生产或制造的某些规定商品在商品销售出厂环节征收。税率因品种而异，出口可以退税。从 1986 年 3 月起部分商品的消费税逐步被改良增值税替代。

3. 个人所得税

印度 1986 年就已开征所得税，现行税法体系 1961 年修订后于 1962 年 4 月 1 日实施。规定列为应税所得的有五类：经营与专业性开业的收益与利得；工薪所得；住房财产所得；资本利得；其他来源所得（包括股息、中彩、某些证券利息以及纳税人不属经营所得的机器设备、厂房出租租金和房屋租金所得）。

（二）税制发展

个人所得税的计税依据为实际应税所得，即按纳税人的各类所得剔除免税所得项目，减去法定扣除项目后，累计为综合所得，再从其中减去宽免项目（如医疗费用宽免、人寿保险费宽免、教育费宽免、慈善科研等捐赠宽免）以及配偶基本扣除等计算得出。居民个人所得适用分级差额累进税率。对非居民则根据不同所得采用不同比例税率征收。

1. 公司所得税

纳税人分为四类：印度公司；按印度以外国家法律组建的公司；根据1961年所得税法规定作为公司征税的一切机构、社团或实体；直接由税务局命令宣布征收公司税的机构、社团、实体。上述公司划分为国内公司与外国公司。国内公司指印度公司和有关法律规定应划入国内公司的其他非印度公司。凡设在印度境外，并且没有法律预定安排的公司为外国公司。印度对国内公司和外国公司采用不同的征税办法。国内公司适用的比例税率，一般略高于外国公司。对符合印度政府批准条件或协议的外国公司，规定较低税率。

作为纳税人的公司又分为居民公司与非居民公司。居民公司指应税年度该公司为印度公司或控制与管理其事务完全在印度的公司。否则为非居民公司。居民公司就其来源于世界范围的所得纳税，而非居民公司仅就来源于印度的所得纳税。

2. 净财富税

纳税人为个人、未分家印度人家族、政府不占主要权益的公司。印度公民、居民公司、未分家印度人家族为印度居民时要就其全世界资产纳税，而非公民、非居民公司、非居民或非常住居民的未分家印度人家族只就坐落在印度境内资产征收。净财富税对个人的征税对象是全部累计资产减去与此资产有关的债务以后的余额，并对一定金额以内的住房免税。对公司课税对象为非用于经营、雇员福利或居住目的的建筑、购置非农业土地有两年而未用于工业目的者，以及非用于工业生产原料的贵金属与合金、贵重宝石及其他法定应税资产。税率分为两种：对个人及未分家印度人家族采用差额累进税率，对公司采用比例税率。

3. 销售税

分为中央销售税和邦销售税。邦内货物购销由邦征销售税；邦际商业与贸易由中央政府征销售税。中央征收的邦际销售税收入归征收所在邦，征管邦际销售税当局须由中央政府授权。凡按中央销售税法登记从事购销经营的经销商，包括从事此类经营的政府都是销售税的纳税人。税基为经销商在邦内贸易与商业中销售法定征税有形货物收入以及每一次邦际的货物销售收入。股票、债券、证券出售不征销售税。为减少重复征税，中央政府规定，对某些重要原材料的邦销售税税率最高不得超过4%，并只在一个环节征收。

税收管理体制，印度各级政府实行按税种划分的分税制。在全部税收总收入中，中央约占2/3，邦占1/3。但中央收入的一部分要按一定比例划给各邦。各级政府的税权划分，由宪法规定。中央有权征税的项目：农业所得以外的其他所得；进口与出口；除含酒精与麻醉剂饮料以外的货物消费税；除农业土地外的资产继承；除农业土地与公司资本以外的资产价值；邦与邦之间的货物购销交易。邦有权征税的项目：农业所得；农业土地的资产价值及其继承；房地产；矿产权；酒精饮料的消费；奢侈性消费，如娱乐与赌博。印度税收法律主要以议会法令形式颁布，对税法的解释则以法庭的判例为重要参照依据。

印度的中央税由财政部收入署负责，收入署下分设联邦直接税局及联邦关税与消费税局具体实施征管任务。在收入署内还设有一个独立的常设委员会，专门负责处理特殊的税务案件。

二、印度"新税法"

2017年7月，印度进行了自1947年独立以来最大的一次税务改革。7月1日，旨在统一税制的印度《商品与服务税法案》（*Goods and Services Tax*）正式实施。

《商品与服务税法案》（以下简称"新税法"）启动仪式上，莫迪发表演讲说："'新税法'标志着印度成为统一的经济体。此前，全印度有500种税，我们一直在努力摆脱这种状况。如今，全国只有一种税制，印度成为一个（统一的）国家。"回溯"新税法"的历史，早在2000年，时任印度总理瓦杰帕伊政府同意对《商品与服务税法案》进行讨论，并组建了委员会。更早在1986年，时任财政部长、后被称为"印度经济改革之父"的曼莫汉·辛格宣布实施"增值税修改案"，这也被认为是"新税法"的前身。

作为消费税的一种，此次颁布的"新税法"将在商品流通的每一环节上对所增值的部分征税，旨在结束目前印度复杂、混乱的税收制度，在中央和地方建立税率相同、简单明晰的统一消费税征收体系。

"新税法"根据商品性质的不同，将税率划分为 0、5%、12%、18% 和 28% 五个等级，基本商品税率最低，奢侈品税率最高。统计发现，根据"新税法"，有 7% 的商品和服务税率为 0、14% 的税率为 5%、17% 的税率为 12%，18% 的税率覆盖的范围最广，达到 43% 的商品和服务，另外 19% 的商品税率达到 28%。

很多人对印度"新税法"的影响表示乐观，但在短期内，也会导致一些混乱。Big Bazaar 宣布，印度 26 个邦省的门店出售的家用商品减价 2%—22% 不等。印度最大电商平台 Flipkart 也发布了"新税法"打折活动。一位电脑营销商表示："现在很像去年政府废钞令之后的场景。人们一片茫然，对销售量打击很大，人们希望按照旧税率收税。"此外，印度有些地方还发生了反对"新税法"的抗议。"新税法"造成的短期混乱在预期之内。根据其他国家的经验来看，首次实施全国统一的消费税，短期内会导致消费品价格上涨，但长期来看，价格会下降。

在宏观层面，国际货币基金组织预测，"新税法"会部分抵消"废钞令"影响，帮助印度 GDP 增速重回 8% 以上。牛津经济研究院预测，未来 15 年，"新税法"会使印度 GDP 每年增加 0.6%。

第八章 印度征信业管理

作为非征信国家，印度政府（主要是印度储备银行）在推动征信业发展中发挥主导作用：一是推动征信立法；二是强制政府及社会有关方面开放征信数据；三是积极培育征信市场。

一、印度银行信贷信息共享机构的运行管理情况

（一）机构设立

2000 年，印度财政部和印度储备银行发起成立印度第一家银行信贷信息共享机构——信用信息局（印度）有限公司（CIBIL）。CIBIL 为公私合营，为避免大股东控制，单一股东股份不超过 5%[①]，股东以信贷机构为主体。其股东构成如图 8-1 所示。

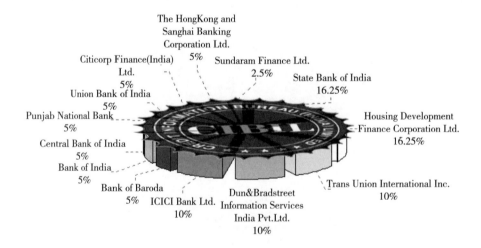

图 8-1 CIBIL 股东构成情况

[①] 此方案为终极目标，由于现阶段股东人数不足，故存在部分股东占比较高的情况。

印度信用信息局内设商业信用征信局（Commercial Bureau）和消费者信用征信局（Consumer Bureau）两个独立系统数据库，分别采集和发布商业信贷和消费者信贷数据。前者由邓百氏公司以授予软件使用许可的方式提供技术支持，后者由美国环联公司提供技术支持。

（二）运作内容和方式

1. 数据采集

印度储备银行依靠行政力量推动数据采集，要求各类银行和金融机构（主要是指存款类金融机构 DFI）在规定时限内上报贷款余额超过 1000 万卢比，不良贷款超过 250 万卢比的借款人信息[①]。《信用信息公司管理条例》（2004）突破上述限制，具体采集信息如下：

（1）由信贷机构提供的贷款或预付款金额和种类、信用卡透支金额及其他融资便利的信息；

（2）对信贷业务的担保信息；

（3）信贷机构向借款人提供承诺或其他非资金性质的融资工具信息；

（4）信贷机构对客户的信用评价；

（5）由信用信息公司采集和保存的其他必要信用信息。

印度信用信息局数据采集正逐步扩展，不但要采集现有会员机构（银行、金融机构、财务公司、信用卡公司等）的信贷信用信息，还要采集手机用户等非信贷信用信息。

2. 数据共享机制

CIBIL 对借款人信用信息的采集、加工和披露有严格控制。各类金融机构须按照信息共享、互惠原则，先申请成为会员，并提供自身拥有的信用信息，才能使用 CIBIL 提供的借款人信用报告。由此，CIBIL 与其会员机构形成紧密的同生共荣关系[②]，在权利与义务明确的基础上，确保了信息采集和共享的准确性。

---

① 这部分主要是规定商业信用征信局可以采集的数据内容，而消费者信用征信局的数据采集内容不受此项规定的限制。

② 《信用信息公司管理条例》（2004）17 款明确规定，信用信息公司可以要求其成员单位提供信用信息，成员单位有义务向信用信息公司提供自己拥有信用信息。

3. 征信产品服务

CIBIL 在合理收费的前提下向会员机构提供有关借款人的信用报告[①]。随着科技发展和技术支持的增强，该公司在不久的将来开发并提供信用信息增值产品，如信贷决策支持和防欺诈工具、定制一般的信用评分、违约概率预测工具和风险/盈利模型等。

（三）政府监管

1. 印度储备银行对 CIBIL 的监管

印度储备银行向信贷提供者（指银行、金融机构、财务公司等机构）颁布多项规范性文件，文件要求：

（1）各成员董事会应密切关注所提供信用数据的情况；

（2）同意 CIBIL 采集该机构信贷历史数据和新发生数据；

（3）向印度储备银行上报数据采集的进展报告；

（4）未上报数据的机构将暂停或终止共享信息的权利；

（5）CIBIL 与印度储备银行等政府部门一起，构建推动信贷支持中小企业的信息服务体系。

2. 监管发展动态

《信用信息公司管理条例》（2004）着眼于为 CIBIL 的运作提供法律支持，特别强调印度储备银行对信用信息公司的设立、运行、退出的审批监管。印度储备银行可要求 CIBIL 召开董事会（由 RBI 指派专人记录报告）并提供报表和相关信息；RBI 可在中央政府授权下，指派专人对银行信贷信息共享机构及其账簿和其他资料进行检查，或要求这些机构在规定时间内提供会计记录、账簿和凭证，相关费用由这些机构承担。

（四）数据服务的扩展展望

印度对信贷数据仍严格限制在银行体系（这里指广义上的银行体系）的内部共享，属于封闭型的团体互惠模式。而《信用信息公司管理条例》（2004）规定会员范围将略有扩大，如信用评级机构将被囊括其中；随着对诸如手机用

---

① 商业信用征信局向会员提供商业信用信息报告，而消费者信用局则向会员提供消费者信用信息报告（统称 CIR）来揭示借款者的信用风险。CIR 主要包括借款人基本信息和信贷账户信息两方面。正面和负面信息同时予以反映。

户等非信贷信息的采集，某些非人格化的信用信息的公开披露也只是时间问题。

二、印度信用评级机构的运行管理情况

（一）评级机构发展的历史沿革

印度储备银行（RBI）与印度证监会（SEBI）要求特定的公开证券发行人进行信用评级是信用评级制度发展的推动力。1988年，RBI要求商业票据发行进行信用评级；1992年，SEBI强制特定种类债务和其他债务工具进行信用评级；1994年6月，RBI要求非银行金融机构要取得评级。除对特定工具进行评级外，财政部已向公司发出通报强化其债务工具评级意识。

1987年，印度第一家信用评级机构——印度信用评级信息服务公司（CRISTIL）开业。该公司由印度工业信贷投资公司和印度单位信托发起，最初股东还包括IFC和其他18家著名的国内外金融机构，目的是向面临特定债务工具本息定期偿付风险的投资者提供指导。为取得市场主体信任，CRISTIL确认了建立与维持信任度的几个要点：管理能力、评级机构的所有者、构成评级方法体系的透明度与准确性、评级的公开性与正直性。CRISTIL的评级工作主要集中在证券市场，除评级业务，还向公司出具报告、进行产业研究等，该公司已成为全球第四大信用评级公司。在印度，还有其他两家由金融机构发起的信用评级公司。

（二）印度证监会对信用评级公司的监管

为确保第三方评级的公正性和专业性，1999年，印度证监会制定信用评级机构管理条例，对信用评级机构开立、运行、监督、处罚等做出具体规定。

（三）对外资评级机构的管理

出于对本国评级机构的长期保护，外国评级机构只能以与本地机构合资或合作方式进入。

（四）评级公司运作范围

目前RBI对银行贷款未设第三方评级要求，评级机构主要针对证券市场进行评级。

三、信用信息保护和征信行业标准化

（一）信用信息保护

1. 法律限制

印度现行法律［例如《印度国家银行法》（1955）、《印度国家银行法（分支行）》（1959）］对借款人信用信息披露有严格保密限制，为此 RBI 规定金融机构必须在借款人同意下，才能实现信用信息共享。《信用信息公司管理条例》（2004）打破这一限制。

2. 重视保护个人隐私

印度作为非征信国家尚未制定明确的隐私保护法或信用信息保护条例。参照英美等国的做法，印度要求：

（1）个人须知晓自身信用数据被采集的目的和用途；

（2）须获得当事人的书面授权方可向第三方披露；

（3）个人有权获得自身信用信息以便及时更新；

（4）应制定充分的信息安全预警机制，确保提供给信息机构的个人信用数据不会遗失、篡改或滥用；

（5）除有可靠的个人信息保护机制，个人信息不得向国外转移；

（6）对个人信息的异议处理要及时、有效。

3. 银行信贷信用信息使用的限制

银行信贷信用信息的共享范围严格限定在 CIBIL 的会员之内，该运作机制对借款人银行信贷信用状况制度保护，确保了金融信息安全，有利于维护银行体系稳定，获得了印度政府主管部门的认可和支持。

（二）征信行业标准化建设

印度政府对安全、金融软件、信息格式、系统软件等提出了完整的征信标准化体系。

第九章　印度对外贸易

一、印度对外贸易管理机构

印度商务工业部（简称"商工部"）是印度对外贸易主要管理部门，该部门下设两大部门，即商务部和工业部。商务部主管对外贸易，基本职责是制定适当的国际贸易和商业政策并执行其各项规定，规范和发展印度的国际贸易和国内商业，为促进对外贸易发展提供可遵循的政策基本框架，对贸易政策进行定期审查，通过贸易政策改革应对国内外经济金融中出现的新变化。此外，商务部还负责处理多边和双边贸易关系、经济特区、国营贸易、促进出口和提升贸易便利化，以及某些出口导向型工业和商品的发展和管理。同时还负责贸易谈判、协议签订、与国际机构（如 WTO、UNCTAD 等）的联系、负责与国际贸易政策有关的事务，如优惠贸易安排。具体包括：

（一）国际贸易

1. 国际贸易和商业政策，包括关税和非关税壁垒。

2. 与贸易政策有关的国际机构（如联合国贸易与发展委员会、亚洲及太平洋地区经济与社会委员会、非洲经济委员会、拉丁美洲经济委员会、欧洲自由贸易协定、世界贸易组织和国际贸易委员会等）的联系，所有与世贸组织有关的问题，包括解释 WTO 规则及其争端解决机制。

3. 与小麦、糖、黄麻和棉花有关的国际商品协定。

4. 关税委员会其他工作。

（二）对外贸易（商品及服务）

1. 所有与对外贸易有关的事项。

2. 对外贸易政策和控制，不包括下列事项：

（1）进口国外电影。

（2）出口印度电影。

（3）进口、发行电影胶片（未曝光）和电影工业所需的其他物品。

3. 建立农业出口区和100%出口导向型的企业（包括政策和监管框架）以及所有其他相关事项。

4. 发展、扩大出口生产和监管对外贸易涉及的所有商品（不包括黄麻制品和手工艺品）。

5. 有关出口促进委员会、贸易委员会及国际贸易咨询委员会的事宜。

6. 有关出口促进委员会/出口促进组织的事宜。

7. 协调出口基础设施。

8. 促进和协助出口工作的项目和方案。

（三）国营贸易

1. 国营贸易政策。

2. 生产、分配（用于国内消费和出口）、作物种植、茶叶、咖啡、橡胶、FCV 烟草、香料（生产发展和促进豆蔻、胡椒和其他所有香料的出口），促进腰果和烟草及其相关产品出口。

3. 处理和分配国内消费和出口速溶茶和速溶咖啡。

（四）经济特区

所有有关经济特区和经济特区企业的发展、运作和维持的事项，包括对外贸易政策、财政制度、投资政策、其他经济政策和规章制度。

（五）附属和下属机构

1. 附属机构

A. 反倾销和联合税收理事会（DGAD）

B. 对外贸易理事会（DGFT）

C. 供应和处置理事会（DGS&D）

2. 下属机构

A. 商业情报和统计署（DGCI&S）

B. 经济特区发展办公室

（a）科钦经济特区

（b）法尔塔经济特区

（c）坎德拉经济特区

（d）金奈经济特区

（e）诺伊达特别经济区

（f）圣克鲁斯经济特区

（g）维萨卡帕特南经济特区

商务部的愿景和使命：到 2020 年，使印度成为世界贸易的重要参与者。通过多边、双边谈判和区域贸易协定获得出口商品的市场准入，通过计划方案、政策和战略促进出口，在国际贸易组织中发挥领导作用。

二、印度对外贸易发展历程

独立以后，印度政府为建立民族经济的基础并发展本国经济，选取了国家主导型发展模式，积极推进"进口替代"战略与政策。同时，根据各个时期社会经济发展的具体目标，不断对"进口替代"战略和政策进行调整和完善。1991 年，印度实行自由化、私有化、市场化和全球化的经济改革，1995 年世界贸易组织成立，为了适应改革需要，印度政府确立了开放型"谨慎自由化"政策。此后，印度政府又对"谨慎自由化"贸易政策进行了不断的调整。

（一）"进口替代"战略和政策的确立

1947—1979 年，实施的"进口替代"战略和政策主要通过国家干预实行贸易保护，以实现发展目标。这种模式主要特点表现为：（1）严格限制进口。除了粮食、机器设备、原材料和先进技术以外，严格限制进口；（2）忽视出口。外贸活动中表现为根据进口水平相应地调整出口水平，以便减少逆差；（3）主要依靠外援，不鼓励外国私人投资。

（二）"进口替代"战略和政策的调整与破产

从 20 世纪 80 年代开始，印度步入经济调整和改革时期。为了扭转长期实行"进口替代"战略而形成的严重入超局面，从 1980—1985 年的"六五"计划开始，印度转向实行"进口替代"与"促进出口"相结合的战略，到 1990 年，印度对外贸易政策出现了明显的向自由化演变的倾向。这一阶段印度对外贸易政策的主要特点表现为：（1）放松进口限制，主要是开放资本品和原材料的进口；（2）利用税收杠杆鼓励出口，放宽出口限制，为出口产业提供更多的外汇和信贷支持；（3）对进口商品由配额管理向关税管理转变。

（三）"谨慎自由化"贸易政策的确立

印度在长达40年的"进口替代"型发展中积累起来的问题和矛盾，最终以1991年国际收支危机的形式爆发出来，这次危机同时也成为印度对外贸易政策发生质变的契机和分水岭。从1991年实施改革开始到1996年，印度对外贸易政策的主要特点表现为：（1）有步骤、有选择地降低工业品关税并适时进行调整，基本取消进口许可证，逐步降低非关税壁垒，以关税约束和反倾销手段取代边境措施，在推行贸易自由化的过程中表现出"谨慎"的风格；（2）提供出口刺激，扩大出口；（3）选择性地开放外国直接投资，逐渐开放某些具有一定竞争优势的服务部门的投资和贸易；（4）开始融入世界多边贸易体制和区域贸易一体化进程。

（四）"谨慎自由化"贸易政策的深化

1997年以来，印度对外贸易政策的主要特点表现为：（1）出台了印度独立以来最为鼓励出口的进出口政策；（2）进一步减少进口限制，降低关税；（3）大力推进区域经济一体化进程。

三、印度对外贸易发展现状

（一）货物贸易

自20世纪初以来，印度的出口一直表现不俗，但近年来出口增长有所放缓。2000年至2011年，印度的货物和服务出口强劲增长，平均每年增长约20%，货物和服务出口方面都获得了显著的市场份额。但自2013年以来，这一趋势发生了逆转，印度的出口增长大幅减速，其中，货物贸易出口放缓尤其显著，但服务贸易出口一直保持较快增长。放缓的主要因素包括贸易伙伴国需求疲软和印度卢比的实际升值，而印度的高关税和贸易成本也可能影响其出口表现。展望未来，进一步减少贸易壁垒和加大高附加值产品的生产，以及持续的供给侧改革，对释放印度的出口潜力至关重要。

尽管印度的出口基础多样化，但在2008年国际金融危机之后，贸易疲软似乎是全球一个普遍现象。特别是在危机后的一段时期内，印度贸易伙伴的进口需求增长仅为危机前的一半，精炼石油产品占印度出口商品价值的 1/5，但由于 2015—2016 年大宗商品价格暴跌导致印度出口商品价值大幅下降。历史上，贸易伙伴国的高通胀导致印度卢比的实际升值，从而影响了印度出口商品的价格竞争力。虽然印度出口商品质量较高，但仍有空间与其他新兴市场国家进一步融合，制造出更高质量和更具竞争力的出口商品。此外，包括关税、贸易成本和行政负担在内的高贸易壁垒都可能影响印度的出口表现，印度劳动力和产品市场的僵化也可能影响到出口。当前印度政府已对外贸政策做出调整，旨在通过鼓励出口、限制进口来促进就业，保障国内产业利益，推动金融危机下国内经济稳定发展。

高进口关税的国内成本比较高，因为它可能会损害出口、就业和增长，从而导致负面的效应。自 20 世纪 80 年代以来，大多数国家在降低关税方面取得了重大进展，但近年来削减关税的步伐有所放缓。在印度，相对于其他新兴市场国家来说，尤其是食品、农业和制造业的进口关税仍然很高，较高的关税和贸易成本可能阻碍出口和将印度出口商品更好地融入全球价值链新投资。

印度经济在很大程度上是由内需驱动，虽然过去 10 年出口扩张，但出口对印度经济增长的贡献仍然很小。尽管如此，印度的出口潜力还是很大的，印度 2015—2020 年对外贸易政策的目标是，2020 年将制造业和服务业的出口增加到 9000 亿美元。由于外部需求普遍放缓，印度需要继续进行改革以提高竞争力，不断提升贸易和投资便利化，同时提高出口产品质量和复杂性也变得更加紧迫。

1. 货物贸易额总体呈现不断增长趋势

印度货物贸易从总体发展趋势来看，处于不断上升的状态。货物贸易总额从 1991 年的 374.1 亿美元增长到 2016 年的 6135.9 亿美元，同比增长 15.4 倍。据统计，2002—2010 年，印度对世界经济增长的贡献率达到 5.8%，仅次于中国、美国和欧元区。特别是 2002 年，印度货物贸易进出口总额首次突破千亿美元，此后逐年大幅增长，2009 年受次贷危机的影响，全球尤其是欧美市场需求下降，印度进出口总额明显下滑，随后又重新回归上升趋势。2015 年以来，受大宗商品价格暴跌、全球需求疲软以及发达经济体和新兴经济体的保护主义措施激增，印度对外贸易规模小幅收缩。据印度商务部统计，2016 年印度货物进

出口额为 6135.9 亿美元，比上年下降 5.8%。其中，出口 2540.4 亿美元，下降
1.5%；进口 3595.5 亿美元，下降 8.8%。贸易逆差 955 亿美元，下降 24.3%。

表 9－1　　　　　　　　1991 年以来印度进出口贸易情况　　　　　单位：百万美元

年份	出口额	进口额	总额	差额
1991	17900	19509	37409	－1610
1992	20711	24452	45164	－3741
1993	22237	23304	45541	－1067
1994	26330	28655	54985	－2325
1995	31699	36592	68291	－4894
1996	33469	39113	72581	－5644
1997	34794	41429	76223	－6636
1998	33207	42425	75632	－9218
1999	36672	49714	86385	－13042
2000	42358	52940	95298	－10582
2001	43314	50144	93458	－6830
2002	49299	56771	106070	－7472
2003	57457	71183	128640	－13726
2004	75631	97313	172944	－21682
2005	99651	138370	238021	－38719
2006	121259	172876	294135	－51617
2007	147564	217543	365107	－69979
2008	195070	321410	516480	－126340
2009	165202	257658	422860	－92456
2010	222922	350783	573705	－127861
2011	307086	465076	772162	－157990
2012	297261	490413	787674	－193152
2013	315147	467950	783097	－152803
2014	321740	461363	783103	－139623
2015	267947	394125	662072	－126178
2016	254044	359545	613589	－105501

数据来源：印度商务部。

2. 印度货物贸易国别/地区结构

印度对外贸易中，主要的贸易伙伴是中国、阿拉伯联合酋长国、美国、沙
特阿拉伯、瑞士、中国香港、新加坡、伊拉克、德国、印度尼西亚等。

（1）从国别/地区看。印度最主要的三个出口贸易伙伴为美国、阿拉伯联合酋长国和中国香港，2016 年印度出口分别增长 3.3%、0.8% 和 8.8%，占印度出口总额的 15.8%、11.7% 和 5%。同期，印度排名前三位的进口贸易伙伴为中国、美国、阿拉伯联合酋长国，2016 年印度进口分别下降 0.8%、增长 1.8% 和下降 6.2%，占印度进口总额的 16.9%、6.0% 和 5.4%。印度前三大贸易逆差来源国为中国、瑞士和沙特阿拉伯，2016 年逆差额为 516.9 亿美元、139.5 亿美元和 130.4 亿美元。贸易顺差主要来自美国、阿拉伯联合酋长国和中国香港，2016 年顺差额为 199.2 亿美元、116 亿美元和 61.4 亿美元。

表 9 - 2　　　　　2016 年印度对主要贸易伙伴出口额　　单位：百万美元，%

国家和地区	金额	同比	占比
总值	264044	-1.5	100
美国	41641	3.3	15.8
阿拉伯联合酋长国	30821	0.8	11.7
中国香港	13243	8.8	5
中国	8964	-7.7	3.4
英国	8572	-3.7	3.3
新加坡	7665	-2	2.9
德国	7176	2.1	2.7
孟加拉国	6142	3.4	2.3
越南	5982	12.1	2.3
比利时	5376	8.2	2
尼泊尔	5158	38.6	2
沙特阿拉伯	5058	-27.6	1.9
荷兰	4847	-1.7	1.8
法国	4828	1.1	1.8
意大利	4515	6.5	1.7

数据来源：印度商务部。

表 9 - 3　　　　　2016 年印度对主要贸易伙伴进口额　　单位：百万美元，%

国家和地区	金额	同比	占比
总值	359545	-8.8	100
中国	60656	-0.8	16.9
美国	21721	1.8	6
阿拉伯联合酋长国	19216	-6.2	5.4

续表

国家和地区	金额	同比	占比
沙特阿拉伯	18102	-14.8	5
瑞士	14981	-29.1	4.2
印度尼西亚	12385	-11.2	3.5
韩国	12222	-6.8	3.4
德国	11561	-4.3	3.2
伊拉克	9871	-12.8	2.8
日本	9868	2.4	2.8
澳大利亚	8929	-6.5	2.5
马来西亚	8682	-9.7	2.4
伊朗	8229	31.7	2.3
比利时	7434	-11.1	2.1
尼日利亚	7407	-27.5	2.1

数据来源：印度商务部。

表9-4　　　　　　2016年印度贸易差额主要来源　　　　单位：百万美元，%

国家和地区	差额	同比
主要逆差来源		
中国	-51693	0.5
瑞士	-13947	-30.9
沙特阿拉伯	-13044	-8.5
印度尼西亚	-9189	-16.4
伊拉克	-8865	-13
主要顺差来源		
美国	19919	5.1
阿拉伯联合酋长国	11604	15
中国香港	6144	-1.9
孟加拉国	5420	3.9
尼泊尔	4732	47.9

数据来源：印度商务部。

（2）主要贸易伙伴国的变化。

印中贸易。20世纪90年代，印中贸易在印度对外贸易中地位较低，1995年中国成为印度第十八大贸易伙伴，印中双边贸易占印度对外贸易总额的

1.67%。进入2000年，中国在印度对外贸易中的地位迅速上升，2000年，中国成为印度第十大贸易伙伴，双边贸易额占印度对外贸易总额的比重上升至2.32%。此后，印中贸易不断深入，中国成为印度第一大贸易伙伴国。同为"金砖国家"，印中经贸合作潜力巨大。在世界经济普遍疲软的情况下，强劲的中国经济是印度提升其经济活力的希望。印中两国在国际市场上的比较优势有较强的互补性。印度对中国出口的商品多为资源密集型或劳动密集型产品，棉花、铜及制品、矿产品、建筑材料和有机化学品是印度对中国出口的主要产品。而中国对印度出口的产品主要为附加值较高的工业制成品，劳动密集型产品所占比重较小，主要是机电设备、化工产品等。中国生产的纺织品、机电产品、家具、金属制品、光学仪器和陶瓷等在印度进口的同类商品中占有较明显的优势地位，但中国生产的运输设备、化工品、贵金属制品、钢材等方面仍面临着来自美国、欧洲各国和日本等发达国家的竞争。

印美贸易。美国一直以来都是印度主要的贸易伙伴国，始终排在印度对外贸易伙伴国的前三位。纺织、农业、皮革和珠宝等创造就业的部门在印度将继续受到重视，以促进向美国市场的出口。印美经济关系的重要方面还包括在美国市场获得高技能人才，以及获得美国投资。与美国进行定期对话，使印度在诸如知识产权、美国移民政策、美国劳工和技能相关政策等问题上立场明确，也成为印度与美国经济关系的重要组成部分。1990年，印美双边贸易额仅为52亿美元，2016年，印美双边贸易额为634亿美元，增长了11倍。但从印美贸易占比来看，1990年，印美双边贸易额占印度对外贸易总额的比重为12.42%，但2016年已经下降至10.33%，这一方面说明印度对外贸易区域结构集中度在降低，另一方面，也说明美国在印度对外贸易中的地位有下降的趋势，其他国家逐渐替代美国成为印度最重要的贸易伙伴。

印度与阿拉伯联合酋长国贸易。阿拉伯联合酋长国是印度前十位贸易伙伴之一，其地位不断上升，2011年更是成为印度第一大贸易伙伴，双边贸易额由1990年的12亿美元上升至2016年的500.4亿美元，增长了40.7倍。除此之外，印度与西亚的其他国家，如沙特阿拉伯、伊拉克、科威特、伊朗等国的贸易关系也是极其重要的。西亚在印度外交中向来占有重要地位，西亚的石油储量丰富，而印度又是石油贫瘠国家，加上文化、宗教信仰等影响，因此印度向来对该地区十分关注。

印欧贸易。欧洲国家在印度对外贸易中的地位不断下滑，德国、英国、法国、意大利、瑞士等老牌欧洲国家在 20 世纪 90 年代是印度的主要贸易伙伴，目前，瑞士和德国是印度前十位的贸易伙伴，而其他国家的地位已经明显下降。对于欧盟这个挑剔的经济体，印度的出口商面临着一些挑战，包括严格的卫生和植物卫生标准，复杂的配额制度和关税体系，以及针对印度产品的贸易补救措施。欧盟是印度信息技术服务的一个重要市场，但由于欧盟法规对数据安全的限制，欧盟仍未得到充分利用。对于欧盟市场，印度出口商品将聚集在具有更高附加值的新产品上，特别是在国防设备、医疗设备、建筑材料、加工食品以及服务方面。

3. 印度主要进出口商品结构

从贸易结构看，印度主要出口商品有贵金属及制品、纺织品及原料和化工产品，2016 年分别出口 432.4 亿美元、354.9 亿美元和 340.5 亿美元，分别增长 11.2%、下降 4.6% 和增长 2.2%，占印度出口总额的 16.4%、13.4% 和12.9%。印度主要进口商品为矿产品、机电产品和贵金属及制品，2016 年分别进口 950.5 美元、695.7 亿美元和 481.8 亿美元，分别下降 16.9%、增长 3.1%和下降 19.3%，占印度进口总额的 26.4%、19.4% 和 13.4%。

表 9-5　　　　　　　　　　　印度按季度主要出口商品类别占比

日期	主要出口商品占比（%）				主要进口商品占比（%）			
	化工产品	矿产品	贵金属及制品	纺织品及原料	矿产品	化工产品	贵金属及制品	机电产品
2012/03	9.52	20.23	15.12	12.30	40.41	5.86	17.29	13.63
2012/06	11.27	20.34	15.07	11.69	40.32	7.22	16.13	13.86
2012/09	9.59	20.75	15.28	11.22	39.92	6.81	15.88	13.78
2012/12	11.57	21.82	14.64	11.06	39.44	8.27	16.68	13.45
2013/03	9.70	21.00	14.90	12.10	40.30	6.20	18.70	12.80
2013/06	11.60	21.20	14.50	11.80	39.40	7.20	19.50	12.70
2013/09	9.68	22.35	14.10	11.39	40.49	7.19	16.49	13.08
2013/12	11.65	22.08	13.49	11.69	41.65	8.57	14.94	13.17
2014/03	9.90	20.10	1.20	13.40	38.60	13.40	11.40	13.40
2014/06	12.00	19.50	13.20	12.90	43.60	8.20	12.20	13.20
2014/09	12.00	21.20	12.90	12.20	42.50	9.00	12.20	13.50
2014/12	11.80	20.80	13.10	12.10	40.70	9.20	13.00	13.70
2015/03	13.30	12.90	14.30	14.10	30.00	9.00	15.20	17.10
2015/06	12.20	13.80	14.60	14.10	30.80	10.20	15.00	16.70
2015/09	12.30	14.60	14.80	13.90	29.50	10.80	15.20	17.10

续表

日期	主要出口商品占比（%）				主要进口商品占比（%）			
	化工产品	矿产品	贵金属及制品	纺织品及原料	矿产品	化工产品	贵金属及制品	机电产品
2015/12	14.30	13.10	14.60	14.00	29.00	10.70	15.20	17.20
2016/03	13.20	10.90	16.70	14.70	23.20	9.20	13.80	21.40
2016/06	12.80	11.30	16.60	14.00	25.80	9.70	13.40	19.80
2016/09	12.80	11.90	16.80	13.60	26.40	9.90	12.70	19.80
2016/12	12.90	12.30	16.40	13.40	26.40	9.40	13.40	19.40

数据来源：印度商务部。

（1）珠宝业。宝石珠宝工业是拉动印度出口增长的重要基础之一，它是出口贸易的盈利大户，年度出口额占印度出口总额的 20% 左右，同时也是出口贸易中增长最快的部分。印度的宝石出口如此大规模的发展主要得益于几个方面：首先，钻石的大规模生产是印度宝石珠宝业得以蓬勃发展的主要原因。印度的钻石业从业人员多达 100 多万，他们遍布全国，占世界钻石从业人员的 90%。其次，印度对外贸易政策规定：扶持钻石加工出口，黄金首饰出口可以退税，对钻石切割、抛光和检测机械进口免关税，筹划建立钻石交易所，并在未来几年内针对该行业制定更多优惠政策。印度的宝石珠宝全球销售网络被认为是该领域最好的销售网，它在全世界拥有 2500 家办事处，其中美国 800 家，中东 650 家，比利时 350 家，中国香港 250 家，泰国 200 家，其他国家和地区 380 家。

（2）纺织品及服装。纺织业在印度国民经济中占有极其重要的地位，是全球仅次于中国的第二大纺织品生产国，也是全球第七大纺织品贸易国和第五大成衣贸易国。主要产品包括棉纺、人造纤维、毛制品、丝织品、黄麻制品、地毯、成衣等。印度对外贸易政策规定：为纺织品和服装行业出口提供奖励，包括对重点市场和重点产品的出口奖励，装船前信贷利息补贴，服装行业辅料等免税进口，手工艺品行业免税进口工具，这些政策有效地促进了印度纺织品和服装对全球的出口。

（3）石油、石油产品及有关原料。石油类产品一直以来都是印度最主要的进口商品。1973 年第一次世界石油危机之后，随着经济增长对能源需求的不断上升，印度进口货物结构也发生了显著的变化，石油和石油产品开始成为印度进口额最大的进口商品。2016 年，石油和石油产品进口占印度进口总额的

24.7%，是印度外贸逆差产生的主要项目。

（4）非货币用黄金。作为当今世界的第一大黄金消费国，印度每年的黄金消费量占全球约三分之一，黄金进口是印度经常账户赤字被推高的一大原因。2012 年 11 月至 2013 年底，印度货币卢比汇率对美元汇率大幅贬值，造成印度进口黄金的成本大增，经常项目赤字遭遇巨大压力。在印度 2012 年的贸易逆差中，进口石油和黄金就占到了 70% 以上。2013 年印度曾因经常账户逆差触及历史高位而接连颁布了严苛的黄金进口限制，包括将黄金进口税上调至破纪录的 10%，且要求进口商将 20% 的进口黄金用作加工再出口，此后该国经常账户逆差出现明显改善。据最新数据显示，2017 年 4 月，由于其他形式的金融资产回报率较低，币改及卢比升值造成黄金需求增加，导致印度黄金进口大幅攀升，印度 2017 年 4 月的贸易逆差创 29 个月以来的新高。

（二）服务贸易

自 20 世纪 90 年代采取一系列改革措施以来，印度服务贸易取得了飞速发展。从出口来看，服务贸易出口额不断增加，2000 年印度服务贸易出口额为 167 亿美元，2017 年服务贸易出口达 1851 亿美元，17 年间增长 10.08 倍。印度服务贸易出口年增长率（除 2009 年增长为负值外）一直呈现较高增速，年均增长率高达 17.4%。从进口来看，2000 年印度服务贸易进口额仅为 192 亿美元，2017 年服务贸易进口额达 1092 亿美元，增长近 4.69 倍。服务贸易进口额年均增长率达 15.6%。从服务贸易进出口差额看，印度服务贸易从 2003 年以后开始由逆差转为顺差，且顺差额（除个别年份外）呈现扩大的趋势，这充分显示印度服务贸易良好的发展态势。

表 9-6　　　　　　　2000—2017 年印度服务贸易情况　　　　　单位：百万美元

年份	出口额	进口额	总额	差额
2000	16685	19199	35884	−2514
2001	17325	20075	37400	−2750
2002	19476	21045	40521	−1569
2003	23874	24918	48792	−1044
2004	38068	35441	73509	2627
2005	52243	47255	99498	4988
2006	69378	58513	127891	10865

续表

年份	出口额	进口额	总额	差额
2007	86545	70143	156688	16402
2008	106405	55268	161673	51137
2009	92887	52899	145786	39988
2010	116963	78847	195810	38116
2011	138842	77977	216819	60865
2012	145405	79891	225296	65514
2013	149166	78559	227725	70607
2014	157247	81118	238365	76129
2015	156181	82606	238787	73575
2016	161823	95920	257743	65903
2017	185130	109216	294346	75914

数据来源：OECD 数据库。

印度将服务业作为国家主导产业进行扶植，积极承接服务产业跨国转移，充分利用国内人力和技术等资源优势，以及贸易政策调整手段，大力促进服务业的出口。同时对服务业和服务贸易营建了相对宽松的政策环境，引导资本向服务行业投入，进而夯实服务贸易的产业基础，同时也培养了一大批富有竞争力的服务提供商和服务进出口公司，使印度服务贸易的比较优势得以充分发挥。

1. 印度服务贸易国别地区结构

印度服务贸易出口的主要贸易伙伴是美国、英国、新加坡、法国、日本、意大利、荷兰等国，其中，美国是印度服务贸易出口的第一大贸易伙伴国，占比为 10% 左右。印度对 10 个主要国家服务贸易出口比重占总出口额的 30% 左右，可以看出印度服务贸易出口市场相对比较分散。

印度服务贸易进口的主要贸易伙伴是美国、英国、德国、新加坡、澳大利亚、法国、日本、爱尔兰、荷兰等国，其中，美国仍是印度服务贸易进口的第一大贸易伙伴国，占比在 15% 上下波动。印度对 12 个主要国家服务贸易进口比重占总进口额的一半以上，可以看出印度服务贸易进口市场相对比较集中，集中度明显高于出口市场。

2. 印度服务贸易进出口商品结构

出口商品结构。印度服务产品出口集中度较高，以计算机和信息服务、旅游、运输和其他商业服务为主。从项目来看，计算机和信息服务是支撑印度服务贸易出口的主要项目，其比重基本保持在 30% 以上，且比较稳定，是出口的第一大类产品。印度的软件服务外包占全球市场的份额也在逐年扩大，软件服务外包产业的价值链也在不断向高附加值、高技术含量的方向延伸。运输服务和旅游服务这两个传统服务行业所占比例之和小于 50%，且所占份额随着时间逐年下降。

进口商品结构。印度服务贸易进口商品主要以运输服务、其他商业服务和旅游为主，三项合计比重占总进口额的 80% 左右。其中，运输服务在服务贸易进口项目中占比最大，长期维持在 40% 以上。其次为其他商业服务，占比保持在 20% 左右。

表 9-7　　　　　2005—2017 年印度服务贸易进出口商品结构情况　　　单位：亿美元

	年份	运输	旅游	建筑	保险	金融	计算机和信息	其他商业	政府
出口	2005	65	75	3	9	11	169	378	3
	2006	87	86	6	11	24	225	519	3
	2007	102	107	8	15	34	286	653	3
	2008	128	118	8	16	43	371	810	4
	2009	112	111	8	15	36	340	701	4
	2010	133	145	5	18	58	405	888	5
	2011	177	177	8	26	62	471	1025	6
	2012	175	180	9	23	54	488	1094	5
	2013	169	184	12	21	64	538	1131	5
	2014	186	197	16	23	56	545	1179	6
	2015	143	210	15	20	53	550	1201	6
	2016	152	224	21	21	51	542	1234	6
	2017	170	274	23	25	45	549	1387	6
进口	2005	330	62	6	37	9	15	210	5
	2006	402	68	8	43	19	23	277	5
	2007	500	82	7	53	32	40	324	4
	2008	434	96	7	44	35	43	345	5
	2009	359	93	11	40	38	32	347	7
	2010	467	105	10	50	68	36	570	7
	2011	582	137	11	62	83	32	526	8
	2012	607	123	11	64	53	35	558	7

续表

	年份	运输	旅游	建筑	保险	金融	计算机和信息	其他商业	政府
进口	2013	574	116	14	60	59	37	565	11
	2014	589	146	11	59	41	43	537	10
	2015	523	148	10	52	31	38	553	9
	2016	480	164	10	51	50	48	681	7
	2017	571	184	12	63	58	61	773	6

数据来源：WTO 数据库。

四、未来印度对外贸易发展措施

从目前来看，外部因素和内部因素都对印度出口增长提出了挑战，主要表现为全球贸易放缓、贸易伙伴国汇率波动和非关税壁垒以及在许多产品领域竞争力的丧失等，而印度还面临制造业固有的局限性、服务出口缺乏多样性和集中性、经济特区潜力不足、交易成本高、贸易融资成本高、基础设施瓶颈等国内的挑战，同时对进口原油、天然气、煤炭、豆粕、食用油、化肥和电子产品等商品的依赖性，也进一步使得印度贸易逆差保持在较高水平。

全球价值链是当今国际贸易格局中的一个突出特征，来自多个国家的中间产品和服务通过综合生产网络相结合以生产最终产品和服务。印度参与制造全球价值链，尤其是在化工、电气设备和珠宝等行业，同时还高度参与服务业，特别是商务服务业，主要表现为在其他国家的出口中使用印度生产的中间产品。在采矿业、纺织业、机械和服务行业（如分销、运输和电信业）中，中间产品的出口份额更高。但总体来说，基础设施不健全、与全球运输网络的次优连接以及港口和海关较低的行政效率是目前印度生产商参与全球价值链所面临的一些严重障碍。

为了实现到 2020 年末印度在世界中的出口份额提升到 3.5%，商品和服务出口额达到 9000 亿美元的目标，为商品出口提供一个稳定的政策环境，促进商品出口多元化，印度政府在新五年贸易政策中明确了以下措施：

1. 提高印度产品的出口竞争力，深化与新市场的对接；

2. 实施现有的双边和区域贸易协定机制；

3. 深化和扩大出口篮子；

4. 降低交易成本；

5. 努力降低出口信贷成本；

6. 积极改善港口、实验室和公共设施中心等基础设施；

7. 促进印度产品的产品标准、包装和品牌化；

8. 合理化税收收入，引入货物和服务税；

9. 促进制造业成为主要出口行业发展；

10. 激励潜在市场的潜在赢家；

11. 促进多样化服务出口。

附录

印度证监会（信用评级机构）管理条例
（1999 年）

印度证监会行使 1992 年《印度证监会法案》第 30 条及第 11 条授予的权力，特制定本条例。

第一部分　序言

标题和生效日期

1.（1）本条例命名为《印度证监会（信用评级机构）管理条例》（1999 年）。

（2）官方公报的刊登之日即为该条例的生效日期。

定义

2.（1）在本条例中，除非另行规定，

（a）"法案"指 1992 年《印度证监会法案》；

（b）"关联方"，针对一家信用评级机构，包括下列各方：

（ⅰ）某人自己或与亲属联合，直接或间接，拥有或控制不低于该信用评级机构 10% 投票权的股份，或

（ⅱ）另一家信用评级机构或与他人联合，直接或间接，拥有或控制不低于该信用评级机构 10% 投票权的股份，或

（ⅲ）另一家信用评级机构的大多数董事，拥有或控制不低于该信用评级机构 10% 投票权的股份，或

（ⅳ）另一家信用评级机构的董事、管理人员或雇员，也是该信用评级机构董事、管理人员或雇员；

（c）"证监会"与"法案"第 2 条第 1 子项（a）款的定义一致；

（d）"法人团体"与 1956 年《公司法》第 2 条第 7 款的定义一致；

（e）"业务许可证"指本条例所指的证监会授予或延续的注册许可证书；

（f）"客户"指由信用评级机构对其证券进行评级的任何人；

（g）"公司"指根据 1956 年《公司法》成立的公司；

（h）"信用评级机构"指从事或计划从事对通过公开发行或增股方式发行的证券进行评级的业务的法人团体；

（i）"经济犯罪"目前适用 1974 年《经济犯罪（不适用限制条件）法案》的规定；

（j）"问询官员"指证监会的任何一个官员，或证监会依据条例 38 条授权的任何人；

（k）"表格"指附录一中明确的任何形式的表格。

（l）"欺诈"与 1872 年《印度合同法》第 17 条的定义相同。

（m）"集团公司"的定义由 1969 年《垄断和限制行业实行法案》规定。

（n）"检查官员"指证监会依据条例 29 条任命的任何一人或多人；

（o）"发行者"指计划由信用评级机构对其证券进行评级的自然人和法人；

（p）"净资产"指实收资本和闲置公积金（不包括资本溢价），减去累计损失和未核销延迟支付费用（包括未核销杂费）的总值；

（q）"评级"指对证券的判断，由标准符号的形式或其他标准格式来表达。按照本条例的明确要求，信用评级机构对证券赋予这些符号，供证券的发行者采用；

（r）"评级委员会"指由信用评级机构组织的委员会，负责将对证券进行评级；

（s）"条例"指构成本条例任何部分的条款；

（t）"亲属"的定义由 1956 年《公司法》规定；

（u）"规划"指附加于本条例的任何一类规划；

（v）"证券"的定义由 1956 年《证券合同管理法案》第 2 条（h）款规定。

（2）本条例没有定义，而在"法案"中定义的词语和表达方式，应分别援引"法案"中的相关定义。

第二部分　注册信用评级机构

申请授予业务许可证

3. （1）任何自然人和法人在本条例发布之日或以后计划从事信用评级机

构的活动必须向证监会申请授予关于此经营目的的注册许可证书。

（2）任何自然人和法人，在上述日期不久前从事信用评级机构的活动的，应在此日期后 3 个月内向证监会申请授予业务许可证。

假如证监会认为有必要，并书面记录原因，可以将上述期限延长到 6 个月的上限。

（3）依据子条例（1）或子条例（2）向证监会提出申请，并交纳不予退还的申请费，交纳方式也有明确规定。

（4）子条例（2）所指的任何自然人和法人没有在该子条例规定的期限内提出申请，必须停止从事评级活动。

信用评级机构的发起者

4. 依据条例 3，证监会不予考虑申请，除非申请者是由以下类别的自然人和法人发起设立的，即

（a）1956 年《公司法》4A 条定义的公共金融机构；

（b）1934 年《印度储备银行法》附录二目前包括的注册商业银行；

（c）获得印度储备银行许可的，在印度从事业务的外资银行；

（d）由其成立所在国现行法律认可的，有 5 年证券评级资历的外资信用评级机构；

（e）任何公司或法人团体，依据本条例向证监会提出申请许可证之前根据经审计的年报连续 5 年净资产不少于 10 亿卢比。

合格标准

5. 依据条例 3，证监会不予考虑申请，除非申请者满足下列条件，即

（a）申请者依照 1956 年《公司法》登记设立；

（b）公司章程规定信用评级业务是其主要的经营活动之一；

（c）公司净资产不少于 5 千万卢比；

在本条例生效之日就已经设立的信用评级机构，如果公司净资产少于 5 千万卢比，只要其在本条例生效之日起 3 年内增加净资产至该底线，就可认为满足了本条件。

（d）申请者必须有足够的基础设施确保其可以按照"法案"和本条例要求提供评级服务；

（e）条例 4 所指的申请者及其发起者必须具有专业水准、良好的财务状况以及在商业交易中的公正和诚信的广泛声誉，以满足证监会的要求；

（f）申请者、其发起者及其董事不得牵涉任何与证券市场有关的法律诉讼，这会危及投资者的利益；

（g）申请者、其发起者及双方的董事不得在过去任何时候在道德和经济方面有任何犯罪记录；

（h）工作人员必须具备足够的专业知识和其他相关经验以满足证监会的要求；

（i）申请者，或与申请者有直接或间接关系的自然人和法人，不得在过去

（ⅰ）曾被证监会依据本条例拒绝设立信用评级机构的申请，或

（ⅱ）涉及违反"法案"或本条例的任何条款的任何诉讼程序

解释：在此条款中，"有直接或间接关系的自然人和法人"指申请者的关联方、分支机构、母公司，或与申请者的管理层相同的机构；

（j）申请者，在其他各方面，也是获得业务许可证的合适人选；

（k）向申请者颁发业务许可证是符合投资者利益并有利于证券市场发展的。

遵守相关要求的申请

6. 任何申请者，没有完全达到各方面要求或不遵守相关条例的要求，证监会就会拒绝其申请：

在被拒绝之前，申请者有机会在收到证监会相关通知起 30 日之内，驳斥证监会指出的拒绝理由。

此外，证监会在有充足的理由的情况下，可以延长驳斥拒绝理由的时间，最长不超过 30 天，以便使申请者能够找到充足的证据。

信息提供、证明和个人陈述

7. 证监会可以要求申请者提供证监会认为必要的更多的信息和证明，以便处理申请。

证监会认为需要的话，可以要求申请者或其授权代表到证监会就授予业务许可证的有关情况做个人陈述。

颁发许可证

8.（1）证监会认为申请者符合颁发注册许可证的条件，就可以颁发证书。

（2）需交纳明确规定的注册费，并采用明确规定的交纳方式，才能颁发注册许可证。

许可证的持有条件和有效期

9.（1）依据条例 8 颁发的许可证应满足下列持有条件，即

（a）该信用评级机构必须遵守"法案"的规定、依据"法案"指定的规章，以及证监会随时发布的关于信用评级的指导方针、指示和通知。

（b）（1）当信用评级机构向证监会提供的任何信息或细节：

（ⅰ）被发现是错误的或明显误导的，或

（ⅱ）在申请许可证时提供信息之后发生变化的；

该信用评级机构应立刻书面通知证监会。

（2）注册许可证的有效期为 3 年。

许可证的延续

10.（1）信用评级机构如果要延续其业务许可证，应向证监会提出延续申请。

（2）根据条例 9 子条例（2）的规定，评级机构应在许可证到期的三个月前，向证监会提出延续申请。

（3）根据子条例（1）提出延续申请。

（a）应交纳延续证书的费用；

（b）其处理过程应尽量与条例 3 规定的申请新的许可证的程序相同。

拒绝颁发许可证的程序

11.（1）如果针对条例 3 和条例 10 的情形，证监会认为不应颁发或延续一项许可证，它可以在给该申请者合理的听证机会后，拒绝其申请。

（2）证监会依照子条例（1）做出的不颁发或不延续许可证的决定，应在做出决定后 30 日内告之申请者，并陈述决策依据。

（3）申请者的申请被证监会依照子条例（1）予以拒绝，在收到证监会依照子条例（2）发给他的通知后的 30 日内，可以向证监会提起书面复议申请。

（4）当申请者依照子条例（3）提起书面复议申请，证监会应尽快审理申请并将决定书面告之申请者。

拒绝颁发许可证的后果

12.（1）条例 11 子条例（1）所指的申请者，其许可证申请依照条例 11 被证监会予以拒绝，就不能从事任何评级业务。

（2）条例 3 子条例（2）所指的申请者，其许可证申请依照条例 11 被证监会予以拒绝，在收到依照条例 11 子条例（2）发出的通知当日及以后，应停止从事任何评级业务。

（3）如果证监会认为符合投资者的利益，可以允许子条例（1）和（2）所指的信用评级机构完成其在申请期间或许可证有效期间接收的评级业务。

（4）为了保护投资者的利益，证监会可以发布指令，将许可证申请或延续申请被拒绝的信用评级机构的有关其业务活动的记录、档案或报告进行转移。

（5）为了保护投资者的利益，证监会可以任命任何人接管子条例（4）所指的某个信用评级机构的有关其业务活动的记录、档案或报告，并为此明确任命的期限和条件。

第三部分　信用评级机构的一般职责

行为准则

13. 每个信用评级机构都必须遵守附录三包含的行为准则。

与客户订立协议

14. 每个信用评级机构都必须与每个需要对自己的证券进行评级的客户订立书面协议，每一份协议都必须包含下列条款，即

（a）明确有关证券评级各方的权利和义务；

（b）明确信用评级机构的收费；

（c）客户应允许信用评级机构在证券有效期内对评级进行定期复评；

（d）客户应答应和信用评级机构合作，以使后者能够实现和维持对该客户证券的真实、准确的评级，并为此目的，向后者提供真实、恰当和及时的信息；

（e）信用评级机构应通过定期发布方式向客户通告其证券的评级情况，不论该客户是否接受评级结果；

（f）客户应在其提供的文档中公开

（ⅰ）过去3年任何信用评级机构对该客户的上市证券的评级

（ⅱ）客户没有接受的任何其他信用评级机构对该客户的证券的评级；

（g）客户发行债券规模达到或超过10亿卢比时应获得至少两个不同的评级机构的评级。

评级的监测

15. （1）每家信用评级机构应当在证券有效期内持续监测所评证券的信用级别情况。

（2）每家信用评级机构应当通过新闻媒体和网站及时公开发布关于新评级结果和以前评级变动的信息。如果是上市公司发行的证券，这些信息应同时提供给相关地区证券交易所和上述证券上市的所有证券交易所。

复评的程序

16.（1）在证券有效期内，信用评级机构还应该对所有公开发布的证券级别进行复评。

（2）如果客户没有履行条例 15 规定的义务，协助信用评级机构复评，那么评级机构应基于可获得的最可靠的信息进行复评。

如果由于客户没有合作，评级结果是基于可获得的最可靠的信息，信用评级机构应向投资者公布做出评级的事实依据。

（3）只要被评级证券的义务没有履行，信用评级机构不得随意撤销其评级结果，除非公司被终止、兼并或收购。

制定内控程序

17.　每家信用评级机构应制定合理的程序和机制来监测其雇员交易其客户的证券，以免违反：

（a）《印度证监会（内部交易）条例》，1992 年；

（b）《印度证监会（禁止关于证券市场的欺诈和不公平交易做法）条例》，1995 年；

（c）关于证券交易的其他法律法规。

信用级别含义和评级原理的披露

18.（1）每家信用评级机构：

（a）应公布有关信用级别及其代表符号的确切含义；

（b）应提醒公众其评级结果并不对买入、持有或卖出证券有建议作用。

（2）每家信用评级机构应向公众提供关于评级原理的信息，包括形成良好评估的不同因素的分析，以及构成风险的因素。

向证监会提交的信息

19.（1）当证监会依据本条例要求信用评级机构提供信息，包括关于其经营活动的报告，信用评级机构应向证监会提交相关信息。

（a）在证监会规定的期限内；

（b）如果没有这样一个期限，就在一个合理的期限内。

（2）每家信用评级机构在每个会计年度结束后，将其资产负债表和损益表的复印件上报证监会。

遵照执行证监会发布的通知等函件

20.　每家信用评级机构应遵照执行证监会随时发布的关于信用评级的指导

方针、指引、通知和指令。

守法监察官的任命

20A.（1）每家信用评级机构应任命一位守法监察官，负责监督大家遵守"法案"，以及中央政府和证监会发布的规章、公告、指导方针、指令等。

（2）守法监察官一旦发现任何违法违规行为应立即向证监会直接报告。

保存账户记录等资料

21.（1）每家信用评级机构应保存至少 5 年的下列账簿、记录和档案，包括

（a）每个会计期末的资产负债表的副本和每个会计期的损益表的副本；

（b）每个会计期的审计报告的副本；

（c）与客户签订的协议的副本；

（d）每个客户提供的信息；

（e）与每个客户的函件；

（f）对各类证券的评级结果（包括调高和调低）；

（g）评级委员会参照的评级注解；

（h）评级委员会评级决议的记录；

（i）授予信用级别的信函；

（j）评级收费的详细规定和证监会随时明确的其他需要保存的记录。

（2）每家信用评级机构应向证监会告之需要保存的账簿、记录和档案存放的地点。

针对审计报告的措施

22. 如果审计报告存在与证券评级业务有关的缺陷，每家信用评级机构应在审计报告出具日期之后两个月内采取措施予以更正。

保密性

23. 每家信用评级机构应对客户提供的信息保密，不得向他人透露，目前法律许可的情况除外。

评级过程

24.（1）每家信用评级机构应：

（a）明确评级过程；

（b）随时发生的任何修改或增加，也要向证监会备案。

（2）在任何情况下，每家信用评级机构应遵循合理的评级过程。

（3）每家信用评级机构应成立由合格的、知识丰富的成员组成的评级委

员会。

（4）所有评级决定，包括修改信用级别，都应通过评级委员会。

（5）每家信用评级机构应聘用合格的分析专家从事评级工作。

（6）如采用新的评级工具或符号，信用评级机构应向证监会报告。

（7）每家信用评级机构应尽职尽责，保证证券评级结果公正、合理。

（8）信用评级机构不得对自己发行的证券进行评级。

（9）在事先通知证监会之前，信用评级机构不得改变信用级别的含义和特定评级产品的构成。

（10）信用评级机构应通过新闻发布的方式向有关证券交易所，并通过网站向大众投资者，披露客户发行证券的信用评级的定期复评结果，及其信用级别的变动情况。

第四部分　发起者或其他特定人发行证券评级的限制

定义

25. 在本章，除非另行规定，

（a）"关联方"，对发起者来说，包括该发起者持有 10% 或以上股份的法人团体；

（b）"发起者"指持有信用评级公司 10% 或以上股份的人。

发起者发行的证券

26. （1）信用评级机构不得对发起者发行的证券进行评级。

（2）如果发起者是一个信贷机构，那么其董事长、总裁或员工不得在该信用评级机构兼职。

子条例（2）的规定在本条例公布之日起 3 个月生效。

不得为与发起者或评级机构有关的特定实体发行的证券进行评级

27. （1）信用评级机构不得对下列实体发行的证券进行评级：

（a）向该评级机构发起者借款的人，或

（b）该评级机构发起者的分支机构，或

（c）该评级机构发起者的关联方，如果

（ⅰ）该评级机构与这些实体的董事长和总裁相同；

（ⅱ）该评级机构与这些实体的员工相同；

（ⅲ）评级委员会与这些实体的董事长、总裁或员工相同。

（2）如果信用评级机构或其评级委员会的某一个领导或员工在其关联方或分支机构兼职，那么该信用评级机构不得对任何这类实体发行的证券进行评级。

已评级证券

28. 本章的内容不适用于在本条例发布之前已经评级的证券，这类证券可以依照本条例其他章节的内容继续评级，而不用遵循本章的限制条件。

第五部分　监督检查的程序

证监会的监督权

29. （1）根据子条例（2）明确的情形，证监会可以指派一个或多个检查官员监督检查信用评级机构的账簿、记录和档案。

（2）子条例（1）所指的情形如下所示，即

（a）确定其账簿、记录和文件是否保存完好；

（b）确定"法案"的相关条款和本条例是否得到贯彻执行；

（c）调查收集到的投资者、客户或其他人员对评级机构业务有关事项的投诉；

（d）为了证券市场的安全或投资者的利益。

（3）证监会依据子条例（1）开展的检查一般不得根据事实结果检验已做出的评级的合理性。

（4）只有当投诉的性质很严重时，证监会才能开展检查来判断评级结果的合理性。

（5）依据子条例（4）进行检查的人员可以是证监会官员，也可以是有相关经验的独立专家，或由两类人联合组成。

监督检查前的通知

30. （1）依据条例29开展检查，证监会应至少提前10日书面通知该信用评级机构。

（2）尽管有子条例（1）的规定，但只要证监会认为符合投资者利益，可以不发这种通知。它可以书面命令对信用评级机构的事务进行检查而无须通知。

（3）在检查过程中，被检查的信用评级机构应根据条例31积极履行其义务。

信用评级机构在证监会检查过程中的义务

31. （1）被查信用评级机构及其领导和员工有义务按照检查官员的要求在确定的合理期限内，向检查官员提供他保管或掌握的相关账簿、账户记录和其

他档案，以及关于信用评级业务的信息。

（2）信用评级机构应：

（a）允许检查官员或代表人合理进入信用评级机构的营业场所；

（b）为检查官员提供检查该信用评级机构掌握的任何账簿、账户记录、档案和计算机数据的便利；

（c）根据检查官员的意见，提供与检查有关的档案和其他材料的复印件。

（3）检查官员在检查过程中，处于检查的目的，有权检查或记录信用评级机构的任何领导和员工的陈述。

（4）评级机构的每个领导和员工有义务根据检查官员的合理要求向其提供关于检查的各种帮助。

向证监会提交报告

32. 检查官员在检查结束后应尽快向证监会提交报告。

如果证监会有指示，检查官员可以提供中期报告。

将调查结果通知信用评级机构

33. （1）证监会在参阅条例 32 所指的报告或中期报告以后，应该将检查官员的调查报告通告信用评级机构并给予其合理的听证机会。

（2）从信用评级机构收到相关解释后，证监会可以要求信用评级机构采取符合证券市场利益和"法案"及本条例规定的恰当措施。

第六部分　对不履行责任采取行动的程序

对不履行责任采取行动的职责

34. （1）信用评级机构：

（a）没有满足业务许可证颁发的任何一个条件，或

（b）违反"法案"或本条例以及根据"法案"制定的其他条例，

应根据子条例（2）的规定接受惩罚。

（2）子条例（1）所提到的惩罚措施有：

（a）暂停注册许可证，或

（b）吊销注册许可证。

暂停注册许可证

35. 如果是条例 34 子条例（1）的情形，证监会可以暂停信用评级机构的注册许可证。

吊销注册许可证

36.（1）如果有以下情形，证监会可以吊销信用评级机构的注册许可证：

（a）信用评级机构由于欺诈行为而获罪，或有道德及经济方面的犯罪；

（b）有重复多次条例 34 子条例（1）提到的不履行责任的行为；

（c）信用评级机构宣布破产或终止。

（2）证监会应向信用评级机构书面提供暂停或吊销注册许可证的原因。

下达暂停或吊销注册许可证的命令的方式

37. 如果没有根据条例 38 的规定进行问询，证监会不得通过暂停或吊销注册许可证的命令。

在以下情形中，问询不是必要的：

（a）信用评级机构宣布破产或终止；

（b）信用评级机构没有根据本条例向证监会交纳注册费和延续费用。

在采取不利于信用评级机构的行动前，应给予其听证的机会。

暂停或吊销注册许可证前问询的方式

38.（1）为了依据条例 37 进行问询，证监会可以任命一名或多名问询官员。

（2）问询官员应向信用评级机构在注册地或主要营业地的机构发出通知，告之对其采取不利行动的依据，并要求该机构在收到通知起 14 日内提出驳斥该行动的原因。

（3）信用评级机构在收到通知起 14 日内，可以向问询官员提供书面答复，一并提交答复所依据的以及证监会要求提供的文档或其他证明的复印件。

（4）问询官员应给予信用评级机构合理的听证机会，使其提交能够支持子条例（3）所提到的答复的材料。

（5）面临问询时，信用评级机构可以亲自或指派代表其利益的经过合理授权的任何人出面。

律师不得代表信用评级机构接收问询。

当依据子条例（6）证监会指派一个律师作为陈述官员时，信用评级机构可以让律师陈述其情况。

（6）问询官员认为有必要的话，可以要求证监会指派一个陈述官员陈述情况。

（7）问询官员在考虑所有相关事实和信用评级机构提交的材料后，应向证监会提交报告，如果需要做出惩罚且惩罚的事实依据是合理的，那么还应建议相关的惩罚措施。

原因通知和命令

39.（1）一旦收到问询官员的报告，证监会应做出同样考虑，并向信用评级机构发出原因通知，内容是关于问询官员建议的惩罚措施为什么不能实施。

（2）信用评级机构应该在收到原因通知起 14 日以内向证监会做出回复。

（3）证监会在参考信用评级机构就原因通知的回复以后，应尽快做出其认为恰当的命令。

（4）子条例（3）所指的命令应当是完整的，应给出得出所陈述结论的原因，如果需要做出惩罚，还应包括做出该惩罚的合理解释。

（5）证监会应将子条例（3）所指的命令的副本发给信用评级机构。

暂停或吊销注册许可证效力

40.（1）自注册许可证暂停之日起，信用评级机构应在暂停期间停止一切评级业务，并服从证监会的命令，这些命令是关于证监会明确指出的与信用评级业务相关的记录、档案、证券及报告。

（2）自注册许可证吊销之日起，信用评级机构应：

（a）停止一切评级业务，并

（b）服从证监会的命令，这些命令关于证监会明确指出的与信用评级业务相关并由该评级机构保存或控制的记录、档案、证券及报告的转移。

（3）尽管被暂停或吊销注册许可证，但如果证监会认为符合投资者的利益，就可以允许该信用评级机构继续完成在暂停或吊销之前接受的评级业务。

暂停或吊销命令的公布

41. 依据条例 39 子条例（3）通过的暂停或吊销注册许可证的命令，应在至少两种日报上公布。

向证券诉讼法院上诉

42. 在《证券法（第二修订版）》生效之日起（1999 年 12 月 16 日以后），任何人遭受到证监会依据本条例发布的命令，可以向对该事项有司法管辖权的证券诉讼法院上诉。

印度储备银行法（摘译）

第一部分　序言

1. 简写，范围及生效

（1）此法案可称为《1934 年印度储备银行法》。

（2）此法案涉及范围为所有印度领土。

（3）本条法案立即生效，本法其余条款于中央政府在印度公报通知指定的日期生效。

2. 定义

在本法中，除非在主题或上下文中有任何不一致之处，否则：

（a）"本银行"是指根据本法案设立的印度储备银行。

（b）"国际清算银行"是指根据 1930 年 1 月 20 日在海牙签署的协定，根据瑞士法律设立的法人团体。

（c）"中央董事会"是指银行的中央董事会。

（d）"存款保险公司"是指根据 1961 年《存款保险法》第 3 条设立的存款保险公司。

（e）"进出口银行"是指根据 1981 年《印度进出口银行法》设立的印度进出口银行。

（f）"外币"和"外汇"定义分别依 1973 年《外汇管理法》的规定。

（g）"工业金融公司"是指 1948 年根据《工业金融公司法》设立的印度工业金融公司。

（h）"国际开发协会"是指 1960 年《国际开发协会（地位、豁免和特权）法》所指的"协会"。

（i）"国际金融公司"是指 1958 年《国际金融公司（地位、豁免和特权）法》所定义的"公司"。

（j）"国际货币基金组织"和"国际复兴开发银行"分别指 1945 年《国际货币基金组织和银行法》所指的"国际基金"和"国际银行"。

（k）"国立银行"是指根据 1981 年《国家农业和农村发展银行法》第 3 条设立的国家农业和农村发展银行。

（l）"国家住房银行"是指根据 1987 年《国家住房银行法》第 3 条设立的国家住房银行。

（m）"复兴银行"是指根据 1984 年《印度工业复兴银行法案》第 3 条设立的印度工业复兴银行。

（n）"卢比硬币"是指根据 1906 年《印度铸币法》规定的印度法定货币。

（o）"预定银行"是指列入第二附表的银行。

（p）"担保银行"是指 1976 年《区域农村银行法》中定义的担保银行。

（q）"州立银行"是指根据 1955 年《印度州立银行法》设立的印度政府出资的商业银行。

（r）"小型工业银行"是指根据 1989 年《印度小型工业发展银行法》第 3 条设立的印度小型工业发展银行"。

（s）"州立金融公司"是指根据 1951 年《州立金融公司法》成立的任何州立金融公司。

（t）"单位信托"是指根据 1963 年《印度单位托法》第 3 条设立的印度单位信托。

（u）"农业经营""中央合作银行""合作社""作物""作物销售""养鱼""区域农村银行"和"国家合作银行"的定义分别依 1981 年《国家农业和农村发展银行法》的规定。

（v）"合作银行""合作信贷协会""董事""初级农业信贷协会""初级合作银行"和"初级信贷协会"，其定义依 1949 年《银行管理法》第 5 章的相关规定。

第二部分　设立/资本/管理/运营

3. 印度储备银行的成立

（1）为从中央政府接管货币管理，并依照本法规定办理银行业务，设立印度储备银行。

（2）本银行为印度储备银行名下的法人团体，具有永久继承权和公章，若有必要，以该法人团体名义起诉和被起诉。

4. 本银行的资本

印度储备银行的资本为 5000 万卢比。

5. 股本的增加和减少

略。

6. 办公机构、分支机构及其他机构

本银行应尽快在孟买、加尔各答、德里和马德拉斯设立办事处，并经中央政府许可，在印度其他地区设立分行及代理机构。

7. 管理

（1）中央政府根据社会公共利益的需要，经与银行行长协商后，可以不时向本银行作出指示。

（2）除上述指示外，本银行的事务和业务的总监督及方向由中央董事会负责，中央董事会可行使一切权力，并可采取一切可能由本银行行使或采取的行动和事情。

8. 中央董事会成员及其任期

（1）中央董事会由下列理事组成：

（a）官方董事（Governor）：行长一人，副行长不超过四人，皆由中央政府任命；

（b）由中央政府提名四名主任（Director），由第9条所设的四个地区董事会各提名一名；

（c）十名理事由中央政府任命；

（d）一名政府官员由中央政府任命。

（2）行长、副行长应当将全部时间用于银行事务，并经中央政府批准，领取中央董事会决定的工资、津贴；

若因公共利益的需要，中央董事会可在中央政府允许的条件下任命行长或副行长兼职一些名誉性工作，不管此工作是否与本条例规定的分内职务有所关联，也不与他的行长或副行长职责相关联，但中央政府需与中央银行协商，依中央银行规定的条件委聘副行长为国家银行的行长。

（3）根据第8条款第（1）条提名的副行长及主任可出席中央委员会的任何会议并参加其审议，但无表决权；但若行长因故不能出席该等会议时，由其以书面形式授权的副行长可在该次会议上代他投票。

（4）行长、副行长任期五年以下，由中央政府任命，并有连任资格。根据相关条款提名的董事，任期四年，其后直至其继任者获提名为止。

9. 区域委员会的组成及功能

（1）区域委员会由本法所列的4个区域代表组成，其成员包含中央政府所任命之代表 5 人。选任委员时，应考量地域及经济利益，以及合作银行与当地银行业的权益。

（2）区域委员会委员应由成员互选 1 人，担任委员会主任委员。

（3）区域委员会委员任期 4 年，续任至继任者被任命为止，并得连选连任。

（4）区域委员会应就与其有关之一般或特定事项，向理事会提供建议，并应执行理事会交付之任务。

10. 理事会及区域委员会成员的消极资格

（1）下列人员不得担任理事或区域委员会成员：

（a）政府部门现任官员；

（b）破产、曾经宣告破产、无力清偿债务或与债权人达成和解清偿者；

（c）患精神病或心智异常者；

（d）银行之干部或受雇人员；

（e）担任 1949 年《银行管理法》第 5 条第（c）款规定所称的金融公司或合作银行的董事。

（2）二人同属商业行的合伙人，或同一私人公司的董事，或其中一人是另一人的一般代理人或诉讼代理人，该二人均不得同时担任理事或同一区域委员会的委员。

（3）第（1）项第（a）款、第（d）款及第（e）款的规定，对总裁、副总裁或依第 8 条第（1）项第（d）款任命的理事，不适用此条款。

11. 离职和休假

（1）中央政府有权免除理事、副理事或其他地方董事会的理事之职务。

（2）根据第 8 条第（1）款下的第（b）款或第（c）款提名的董事，如未经中央委员会许可而连续三次缺席根据第 13 条第（1）款召开的董事会会议，则有权停止其任职。

（3）如果任何中央董事及任何地方董事会的成员具有第 10 条第（1）款或第（2）款规定的任何不合格条件，中央政府有权罢免其职务。

（4）根据上述各条款被免职的地方董事会的董事或成员，在其被任命的任期届满前，不得再获委任为其他地方董事会的董事或成员。

（5）被提名的董事或当地董事会成员的人若是议会或任何州的立法机构的成员，则此提名为无效，除非提名之日起两个月内终止其在其他机构的职务。

（6）中央董事可以向中央政府辞职，地方董事可以向中央董事会辞职，提请辞呈后，中央董事会职位可为空缺。

12. 临时职位空缺及缺勤

（1）如果行长或副行长由于疾病、无法执行职务或呈现不在休假或者假期的情况下，不涉及他的任命，中央政府可能考虑后建议由中央委员会的代表，任命另一个人替他主持。

（2）如果州长或副行长由疾病或无法执行职务或呈现不在休假或者假期的情况下，不涉及他的任命，中央政府可能考虑后建议由中央委员会的代表，任命另一个人替他主持。

13. 理事会会议

（1）理事会会议由总裁召集。每年至少开会 6 次；每季不得少于 1 次。

（2）理事有 4 人以上的连任，需随时请求总裁召集会议；总裁应依其请求召集理事会会议。

（3）理事会会议由总裁主持，总裁无法出席时，得依第 8 条第（3）项规定，授权副总裁代理表决并主持会议。于正反票数相同时，主席可进行第 2 次表决或迳由主席裁决。

14. 略

15. 略

16. 略

17. 本银行业务

本银行根据此法授权，办理以下业务：

（1）接受中央政府、州政府、当地政府机关、银行及个人的存款或现金。

（2）（a）在印度境内购买、销售和再贴现汇票和本票时，该汇票或本票必须通过实际商业交易或贸易而签发，并需两人以上的背书，背书人之一应为预定银行、州立合作银行，或经本银行批准来贴现汇票。汇票或本票的到期日，自买入或再贴现之日起：

（ⅰ）对因与印度出口货物有关的任何此类交易而产生的汇票和本票，不超过 180 天。

（ⅱ）因其他原因签发的汇票或本票，不超过 90 天。

（b）在印度境内签发及付款的汇票、本票交易及办理其再贴现。该汇票或本票需因实际商业行为或贸易而签发，并有 2 人以上的背书，背书人之一应由预定银行、州立合作银行，或经本银行批准来贴现汇票。

（bb）在印度境内购买、销售和再贴现汇票和本票时，该汇票或本票必须通过实际商业行为或贸易而签发，并需两人以上之背书，背书人之一应为预定银行、州立合作银行，或经本银行批准来贴现汇票、本票或办理以再贴现为主要业务的金融机构。汇票或本票签发的目的在于对家庭工业、小型企业生产的融通。

（c）在印度境内签发及付款的汇票、本票交易及办理其再贴现。该汇票或本票应由预定银行的背书。汇票或本票签发的目的在于对持有中央政府或州政府发行的债券者，到其到期日后，自买入或再贴现之日起算，应不超过90天。

（3）（a）从预定的外汇银行购买和出售外汇。

（b）汇票到期日，自买入或再贴现之日起算（包括短期国库券）：

（ⅰ）汇票因出口货物实际交易有关而签发者，不超过180天。

（ⅱ）其他形式签发者，不超过90天。除预定银行或州立合作银行以外，本银行不得与其他银行在印度境内交易此类汇票。

（3A）向任何预定银行或州立合作银行凭本票或此类银行提供贷款和垫款，按要求在不超过180天的固定期限届满时偿还。

（3B）对预定银行或州立银行以其签发的本票而为之贷款，该本票应为定期清偿，到期之日不超过180天。贷款银行应提供书面声明证明该贷款是因商业或贸易所需，或因农业活动为目的所需。该声明包含本银行要求的其他特定事项。

（4）向地方当局、预定银行、州立合作银行和州立金融公司以以下目标贷款和垫款，按要求或在不超过90天的固定期限届满时偿还。

（a）股票、基金及受托人依英国法律或印度现行法律有权投资信托资金的债券。

（b）黄金、白银或具有同等所有权的文件。

（c）本银行依法交易或办理再贴现的汇票或本票。

（d）预定银行或州立合作银行的本票；该本票为农业活动所需的融资，或因实际商业或贸易所发生的贷款或融资，并且以转让货物权利作为融资担保。

（4A）对州立金融公司提供的贷款或融资，以中央政府或州政府的有价证券作为担保者，相关证券的到期日无限制；以该州立金融公司所发行，经州政府担保的证券或金融债券为担保者，相关证券或金融证券的到期日，自该贷款之日起算，不超过18个月。

前一项借款应由州立金融公司在事前向管辖州政府取得许可，本银行依前项条件所贷的总额，不得超过该州立金融公司已缴股款的2倍。

（4AA）根据《1981年国家农业银行及农村发展国家银行法》第42条及第43条规定设立国家农村信用（长期）基金及国际农村信用（稳定）基金的捐款。

（4B）向工业金融公司贷款或预付：

（a）以中央政府或任何州政府的证券为抵押，按需偿还或在不超过贷款或预付款之日起90天的固定期限届满时偿还。

（b）以中央政府或州政府发行，到期日不限定的有价证券为担保，或以工业金融公司发行，经中央政府或州政府保证，且到期日自该贷款之日起不超过18个月的债券或金融债券为担保者，该贷款应及时清偿，偿还时间自贷款之日起不得超过18个月。

（4BB）按照中央政府的通知，依下列规定对金融机构提供贷款：

（a）以中央政府或州政府有价证券为担保者，应及时清偿；若是定期清偿，自贷款起不得超过18个月。

（b）以中央政府或州政府发行，到期日不限定的有价证券为担保，或以工业金融公司发行，经中央政府或州政府保证，且到期日自该贷款之日起不超过18个月的有价证券或金融债券为担保者，该贷款应及时清偿，偿还时间自贷款之日起不得超过90天。

（4BBB）向单位信托贷款：

（ⅰ）以受托人依本国法律管理信托基金所投资的股票、基金或有价证券（不包括不动产）等标为担保者的，该贷款应及时清偿；如为定期清偿，其到期日，自贷款之日起，不得超过90天。

（ⅱ）以中央政府同意发行并经其保证的单位信托债券为担保者，该贷款应及时清偿；如为定期清偿，其到期日，自贷款之日起，不得超过18个月。

（ⅲ）《1963年单位信托法》规定了第一种单位信托计划外的其他用途，其还款及担保条件由本银行另行指定。

（4C）根据《1956年农产品（开发和仓储）公司法》（1956年第28号）向仓储公司提供贷款和预付款：

（a）以中央政府或任何州政府的证券作为担保的，自贷款或预付之日起，按需或不超过90天的固定期限偿还贷款。

（b）以中央政府或州政府发行，到期日不限定的有价证券为担保，或以该仓储公司发行，经中央政府或州政府保证，且到期日自该贷款之日起不超过 18 个月的有价证券或金融债券为担保者，该贷款应及时清偿，偿还时间自贷款之日起不得超过 18 个月。

（4D）存款保险公司为贷款或预付款，并依理事会决议的条件及期限，对该公司做一般性协助。

（4DD）对国家住宅银行贷款或预付款时，依理事会决议的条件及期限，对该银行做一般性协助。

（4E）对国家银行所做下列贷款或预付款协助时，该贷款或预付款应及时清偿；如为定期清偿，其到期日，自该贷款之日起，不得超过 18 个月：

（ⅰ）根据印度法律，受托人有权投资信托资金的股票、基金或有价证券为担保。

（ⅱ）本银行所指定的期限及条件。

（4F）对单位信托创始资本的出资。

（4G）以根据第 46C 条设立的国家工业信贷（长期营运）基金，对开发银行、进出口银行、复兴银行或小型工业银行贷款，或购买其发行的债券或金融债券。

（4GG）以依第 46D 条设立的国家住房信贷（长期营运）基金，对国家住房银行贷款，或购买其发行的债券或金融债券。

（4H）对开发银行或小型工业银行贷款时：

（a）以依印度法律受托人有权投资信托资金的股票、基金及有价证券（不包含不动产）为担保者，其贷款应及时偿付；如为定期清偿，其到期日，自该贷款或融通之日起，不得超过 90 天。

（b）以汇票或本票为担保，此类票据是因实际的商业或贸易交易所发生，经 2 人以上的背书，此类贷款到期日自贷款之日起，不超过 5 年。

（4I）本银行经中央政府批准，对预定银行、开发银行、进出口银行、复兴银行、小型工业银行、工业金融公司及其他金融机构的贷款应及时清偿，或依理事会核定的有关担保品、融通期限或其他条件，为资本货物进口融资或者中央政府批准的其他目的，向银行购汇。

（4J）对进出口银行发放贷款时：

（a）以依印度法律受托人有权投资信托资金的股票、基金及有价证券（不包含不动产）为担保者，其贷款应及时偿付；如为定期清偿，其到期日，自该贷款或融通之日起，不得超过 90 天。

（b）以汇票或本票为担保，此类票据是因实际的商业或贸易交易所发生，经两人以上的背书，此类贷款到期日自贷款之日起，不超过 5 年。

（4K）对复兴银行发放贷款时：

（a）以依印度法律受托人有权投资信托资金的股票、基金及有价证券（不包含不动产）为担保者，其贷款应及时偿付；如为定期清偿，其到期日，自该贷款或融通之日起，不得超过 90 天。

（b）以汇票或本票为担保，此类票据是因实际的商业或贸易交易所发生，经两人以上的背书，此类贷款到期日自贷款之日起，不超过 5 年。

（5）对中央政府及州政府融资，其到期日，自该贷款之日起，不得超过 3 个月。

（6）发行即期汇票，在本行办公处所或代理机构办理电报汇款或其他汇款，取得电报汇款；签发、发行及使用银行邮政汇票。

（7）略。

（8）经理事会建议，并根据中央政府的批准，交易中央政府、州政府或地方政府（机关）发行的，到期日未限定的有价证券。但就本条而言，任何该等政府或机构就本金和利息提供充分担保的证券，应视为该等政府或机构的证券。

（8A）根据中央政府的通知，交易国家银行、存款保险公司、开发银行、州立银行或其他银行、金融机构的股票。

（8AA）协助推动新金融机构或其子公司（银行）之设立。

（8B）依中央政府许可的特定目的，接受州立银行的存款。

（9）保管金钱、有价证券及其他有价值的物品，并收取所保管有价证券的本金、利息或股息等。

（10）将银行以任何方式在满意或部分满意的情况下拥有的所有资产（不论是动产或不动产）变卖变现。

（11）根据中央政府的许可，为中央政府、州政府或其他地方主管机关，或国内工业金融公司，或根据其他法律设立或组成的公司法人、其他国家的政府、中央政府所许可的人或机关，可办理以下业务：

（a）黄金、白银或外汇交易。

（b）公司汇票、有价证券或股份的交易、转移或保管。

（c）收取所保管有价证券的本金、利息或股息等。

（d）将该等收益以在印度或其他地方支付的汇票汇出，风险由本金承担。

（e）公共债务的管理。

（f）债券或金融债券的发行及管理。

（11A）就下列事项，担任中央政府的经理人：

（a）担保由中央政府批准的小规模产业对银行或金融机构到期应付款项，包含该银行或其他金融机构对该小型工业的贷款或其他授信所产生债务。

（b）对银行或其他金融机构因融资或为增加印度出口为目的的贷款，给予利息或其他费用的补贴。

（12）买卖金币、银币、金银条块、外汇，以及在外国主要货币主管机关、国际清算银行、国际或区域性银行，或由该国货币主管机关、主管机关或外国政府所有的金融机构，开立黄金账户。

（12A）买卖印度以外的外国政府机构或公司法人所发行，载明以外币、国际通用或混合货币支付的有价证券；购买银行有价证券者的到期日自购买之日起算，不得超过10年。但外国机构或公司法人所发行的有价证券，其本金及利息的支付须经该国政府保证。

（12B）根据本行的建议，经中央政府许可，以及根据理事会所规定期限及条件，对预定银行、开发银行、进出口银行、复兴银行或小型工业银行、工业金融公司、州立金融公司及其他金融机构发放的外币贷款，并以借款行或金融机构的本票作为担保者，该借款行或金融机构应以书面声明以下内容：

（a）该银行或金融机构因国际贸易的融资、资本的进口或其他中央政府许可的目的，已办理外币贷款。

（b）其已办理贷款的金额，均不低于本行所获贷款余额。

（13）对银行的境外办事处，包括在印度境内注册的银行，开立账户或签订代理机构合约；担任在印度境外注册银行依法为当时外国主要货币主管机关或该外国货币国际或区域性银行或金融机构的代理行或业务代表；经理事会批准，把本行资金投资于国际或区域性银行或金融机构的股份及有价证券。

（13A）为结算及清算印度与其他国家因贸易或汇款所发生的应收或应付款项，经中央政府许可，参与各种形式的跨国货币结算及清算机制，或成为国际性或区域性中央银行组织的会员或成员。

（14）为本银行的业务借款，其时间不得超过1个月，并就借款提供担保。

根据本条款规定的借款对象，除预定银行以外，不得包括在印度境内之其他任何人，或外国法定货币主管机关以外的银行。在印度境内借款总余额，不得超过本行资本额。

（15）根据本法的规定印制及发行钞票。

（15A）本银行根据本法及其他有效的法律所授与行使权限或履行的职责。

（15B）在银行认为该规定可能有助于银行行使其职权或履行其职责的情况下，提供便利进行相关的培训和研究。

（16）其他根据本法或属本银行行使职权或履行职责的相关事宜或措施。

18. 再贴现权利

本银行为保护印度贸易、商业、工业或农业的利益，在特殊情况下，根据本条规定采取下列信用管制措施时，可不受第17条规定的限制：

（1）交易不符合第17条规定的汇票、本票或办理其再贴现。

（2）略。

（3）对下列机构的贷款，应及时清偿，若为定期清偿，其到期日不得超过90天，其期限及条件由本银行视情形决定：

（a）州立合作银行。

（b）根据州立合作银行的建议，在其营运区域内建立的合作社。

（c）其他人。

18A. 贷款或预付款的效力不受质疑

虽然其他现行法律另有规定：

（a）本银行根据本法的规定发放贷款的效力，不得因未符合前述其他现行法律、决议、契约、备忘录、公司章程等要求而被质疑。

但个别公司或信用合作社的章程未授权该公司或信用合作社办理贷款或融资的机构，上述规定不可作为该公司或信用合作社贷款行为有效的依据。

（b）本银行根据第17条第（3A）项或第（3B）项规定所批准的贷款，或依第18条第（3）项规定所批准的贷款，视下列个别情形，仅可在借款银行或其他人在清偿期届满时向本行清偿者，始得加以运用；在清偿期届满前，由借款行或该他人信托持有：

（ⅰ）借款行根据第17条第（3A）项（ⅰ）所为声明有关的汇票业已提出、清偿或兑付其根据该项（ⅱ）或同条第（3B）项发放的贷款。

（ⅱ）借款行或其他人根据第18条规定经本行批准的贷款经借款行或该人

清偿或兑付。

19. **本银行不得从事的业务**

除第 17 条、第 18 条及第 45 条另有规定外，本行不得：

（1）从事贸易或其他与商业、工业或其他行业有直接利益关系的业务。

（2）购买任何银行公司或任何其他公司的股份，或以该等股份为抵押发放贷款。

（3）以不动产或者与不动产有关的物权凭证作抵押或者以其他方式作担保的预付款，或者成为不动产的所有人，但为办公场所和公务人员、公务人员住所所必需的除外。

（4）办理贷款或预付款。

（5）签发或收受未到期的票据。

（6）允许存款或活期存款的利息。

第三部分　中央银行的职能

20. **本银行办理政府业务的义务**

本行应接受中央政府账户存款，在该账户金额范围内支付款项，并执行政府外汇、汇款及其他银行业务，包括联邦政府公共债务管理等。

21. **本银行在印度境内办理的政府业务**

（1）中央政府应以双方达成的协议，将政府在国内的通货、汇款、外汇及银行业务，委托本银行办理；其活期存款应以无息方式存放本行。

但本款规定不得阻止中央政府在银行无分支机构的地方进行货币交易，中央政府可以在其需要的地方存放余额。

（2）中央政府应以双方达成的条件，将公共债务的管理及新债发行的事务委托本行办理。

（3）本条所规定的双方合意条件未能达成时，由中央政府决定。

（4）根据本条达成的任何协议应在达成协议后尽快提交议会审议。

21A. **本银行根据协议办理的州政府业务**

（1）本行可与各州政府达成协议后，对该州政府办理下列业务：

（a）在印度境内的通货、汇款、外汇及其他银行业务，包括该州政府无息将现金余额存放本行。

（b）管理该州政府的公共债务及新债发行事务。

（2）根据本条规定所达成的协议，在该协议达成后，尽快提交议会审议。

21B. 1956 年 11 月 1 日以前本银行与特定州签订的协定的效力

（1）根据第 21 条及前条规定，在本行与各相关州政府所签订的协议，根据下列解释，于 1956 年 11 月 1 日后仍有效。

前项所称"相关州"指：

（a）关于本行与 Andhra 州之间的协议，指 Andhra Pradesh 州。

（b）关于本行与其他第 A 节于 1956 年 11 月 1 日起已设立的州所签订的协议，各该州仍沿用同一名称。

（c）关于本行与第 B 节于 1956 年 11 月 1 日起已设立的州 Mysore Travancore – Cochin 所签订的协议，根据其意义指 Mysore 州或 Kerala 州。

（2）本行与第 B 节的 Hyderabad，Madhya Bharat 或 Saurashtra 州根据第 21A 条规定所签订的协议，应视为自 1956 年 10 月 31 日失效。

22. 发行纸币的权力

（1）本行在印度境内专有纸币发行权，并于中央政府经由理事会审议通过期间内，发行印度通用货币。本法有关纸币的规定，除另有相反的规定外，皆适用于印度政府经由中央政府或委托本行所发行的所有通用货币；根据本法规定对纸币的解释，也同上。

（2）自本章规定生效之日起，中央政府不得发行通用货币。

23. 发行部门

（1）通用货币的发行，应由本行发行部门办理；发行部门的账户应独立，并与本行业务部门有所区别。发行部门的资产不得负担与第 34 条所定发行部门债务无关的债务。

（2）发行部门不得向银行部门或其他任何人发行纸币，但以其他纸币或本法所允许作为储备金部分的硬币、金条或证券为交换的除外。

24. 纸币面额

（1）根据第 2 项规定，纸币面额可分为 2 卢比、5 卢比、10 卢比、20 卢比、50 卢比、100 卢比、500 卢比、1000 卢比、5000 卢比、10000 卢比，或中央政府根据理事会审议，以其名义所规定的其他不高于 10000 卢比的面额。

（2）中央政府可通过理事会审议，以其名义规定不发行或停止发行的纸币面额。

25. 纸币形式

纸币的设计、形式及成分，应由中央政府斟酌并经理事会审议后决定。

26. 纸币的法定货币性质

（1）除第（2）款的规定外，每张纸币在印度任何地方的付款或付款账户均为法定货币，并由中央政府担保。

（2）建议中央委员会中央政府可以通过在印度公报的通知，自公告之日起，特定面额的纸币失去法律效力，并仅可在本行公告指定的营业处所或代理机构兑换纸币。

26A. 特定纸币丧失法律效力

1946 年 1 月 13 日前所发行，面额为 500 卢比、1000 卢比或 10000 卢比的纸币，不具支付或其他任何法律效力。

27. 纸币再发行

本银行不得再行发行被撕破、污损、过分污损的纸币。

28. 找回遗失、被窃、毁损及有瑕疵的纸币

除其他法律另有规定外，任何人均不得要求中央政府或本行兑回已经遗失、被窃、毁损或有瑕疵的纸币。但本行可在经中央政府事先许可后，在特定条件及范围内，将已丢失、被窃、毁损或有瑕疵的纸币依规兑回并送交国会。

28A. 发行特殊纸币或特殊 1 卢比的特例

（1）为管控未标示印度字样纸币流通的目的，不论本法是否有其他规定，本行可发行面额为 5 卢比、10 卢比及 100 卢比，其设计、形式及成分根据第 3 项规定批准的纸币（以下称特殊纸币）。

（2）为管控未标示印度字样 1 卢比政府纸币流通的目的，不论本法、其他规定或《1940 年货币条例》的规定，中央政府可发行面额为 1 卢比，其设计、形式及成分依第 3 项规定批准的印度政府纸币（以下称特殊 1 卢比）。

（3）对第 1 项特殊纸币的设计、形式及成分，中央政府应考量本行总裁建议后决定；第 2 项特殊 1 卢比券之设计、形式及成分，应以中央政府建议为准。

（4）特殊纸币及特殊 1 卢比在印度均不具法律效力。

（5）除本法第 39 条规定外，特殊 1 卢比应被视为包含于"卢比硬币"范围内，但依本法规范目的，不得视为通用货币。

（6）明确规定为特殊纸币的货币，仅可在本行特定营业场所或分支机构，以其面额作为支付使用，其依第 39 条规定所生的义务，也仅限于在该特定营业场所或分支机构有效，并受本条规定约束。

（7）本行可经中央政府同意，制定下列规定：

（ⅰ）在印度境外流通的纸币及 1 卢比，可由依本条规定发行的特殊纸币取代。

（ⅱ）前一条款中的纸币可兑换任何其他纸币及 1 卢比。

29. 本行发行纸币可豁免印花税

本行不因发行货币而需上交根据 1899 年《印花税法》规定的印花税。

30. 中央政府取代理事会的权限

（1）中央政府在认为本行未能执行中央政府或本法所明确规定的义务时，可以公报刊登公告，宣告取代理事会。公告之后，本行的一般监督及行政事务管理权，由中央政府委任其他代理人执行。

（2）中央政府采取上述规定措施时，应就采取该措施提交完整报告，并于发布公告取代理事会 3 个月期间内送交国会。

31. 即期汇票及本票的发行

（1）除本行或本法明确规定由中央政府授权的项目外，任何人在印度境内不得领取、兑现、开立或签发即期汇票、本票，或以上述票据借款或提领任何数量的金钱交付执票人。但支票或汇票无论是否即期，可在银行、兑银机构或其代办处的发票人账户领取。

（2）尽管 1881 年《票据法》（第 26 条）中有规定，印度除本银行外，或经本法明确授权，中央政府不得制造或发行任何表示可向持票人支付的本票。

32. 处罚

略。

33. 发行部门资产

（1）发行部门资产包括金币、金条、证券、硬币及外币证券，其总数不得低于发行部门根据下列条款规定的债务数额。

（2）资产中金币、金条、外币证券的价值总额，以及其中持有其金币、金条价值的总额，分别不得低于 20 亿卢比及 11.5 亿卢比。

（3）剩余资产应以持有卢比硬币、到期日不限的政府卢比证券，国家银行所开的本票，本行根据规定所购买的付款地在印度境内的汇票及本票为限。

（4）本法资产中金币及金条的估价标准，不得超过当时国际市场价格；卢比硬币应以其面额为准；证券应不超过当时市场价格。

（5）作为准备资产中的金币及金条，在印度境内持有的比例不得低于 17/20。所有金币及金条的准备资产，均应由本行或代理行保管。但本行所有存放在其他银行、造币厂、国库或在运送途中的黄金，均视为资产的一部分。

（6）就本条而言，可作为资产一部分持有的外国证券，包括：

（i）下列证券，以国际货币基金组织成员国的货币支付：

（a）在该国主要货币发行银行内的存款余额；或在国际货币基金组织、国际复兴开发银行、国际发展协会、国际金融公司、亚洲开发银行、国际清算银行或经中央政府核准的其他金融机构内的存款余额；或上述机构所发行的存期在 10 年以内的证券。

（b）有两个以上合格签章、在该境外任何地点开立并支付、存期不超过 90 天的汇票。

（c）存期在 10 年以内的外国政府证券。

（ii）代表国际货币基金组织的人和提款权。

34. 发行部门的债务

（1）发行部门债务的总额应与当时流通的政府通用货币及其他货币总数相等。

（2）略。

（3）略。

35. 原始资产及负债

略。

36. 卢比硬币资产价值波动之处理方式

略。

37. 暂停外币证券准备资产的规定

不管前述规定的内容，本行在经中央政府事先许可后，可在最初 6 个月以内（或 3 个月）的期限，持有低于第 33 条第（2）项规定所定数额的外币证券资产。

38. 政府及本行关于卢比硬币的义务

中央政府应保证除通过本银行外，不将任何卢比投入流通，银行应保证不将卢比硬币用于流通目的以外的其他用途。

39. 提供不同形式货币的义务

（1）本行应随时按需发行卢比硬币，以兑换政府的银行票据或货币；并应发行货币或银行票据，以兑换根据 1906 年《硬币法》规定的有法律效力的硬币。

（2）为兑换 2 卢比以上面额的货币或银行票据，本行应提供足够流通的面额较低的货币、银行票据，或其他根据 1906 年《硬币法》规定具有法律效力的硬币，中央政府应依本行要求提供该硬币。当中央政府无法提供上述硬币时，本行即免除对公众供应硬币的义务。

40. 外汇交易

本行应根据中央政府的命令，就中央政府对国际货币基金组织所负的义务，在其孟买、加尔各答、德里或马德拉斯的办事处，或在其中央政府可能决定的分行，向代表该银行提出要求的任何经授权人士出售或从其购买外汇。但任何人均不得要求买入或卖出价值低于 20 万卢比的外汇。

本条所称"经授权人士"指根据 1973 年《外汇管理法》规定，有权买入或出售与其需求有关外汇的人。

41. 略。

41A. 略。

42. 预定银行的现金储备，需存入本行

（1）商业银行应将现金存放于本行，并且每日平均余额不得低于根据本条第 2 项所申报的该行在境内所收受活期及定期存款负债的 3%。本行可在政府公告提出提高应提的比率，但最高不得超过各银行收受活期及定期存款负债的 20%。

就本条而言：

（a）"每日平均余额"，指在每两周中的日营业完结时在本行存款余额的平均数。

（b）"两周"，指自周六起至第二个周五期间，头尾两日包含在内。

（c）"债务"不包含：

（ⅰ）实收资本额、准备金或该银行损益账户内的贷方余额。

（ⅱ）向本行、开发银行、进出口银行、建设银行、国家住宅银行、国家银行或小型工业银行所得贷款。

（ⅲ）凡是属州立合作银行的，都不包含该银行自州政府根据 1962 年《国家合作发展公司法》规定设立的国家发展合作公司所得贷款。

（ⅳ）州立合作银行对其存款余额已给予预支的，其预支金额不得超过该存款余额。

（ⅴ）区域性农村银行，以及该银行从其主办银行取得的贷款。

（d）非州立合作银行的预定银行，其债务总额应扣除下列各银行或金融机构对该银行债务的总额：

（ⅰ）州立银行。

（ⅱ）根据 1959 年《印度州立银行（预定银行）法》第 2 条定义的预定银行。

（ⅲ）1970 年《金融公司（承受并购及转让）法》第 3 条设立的相对应新银行。

（ⅲa）1980 年《金融公司（承受并购及转让）法》第 3 条设立的相对应新银行。

（ⅳ）1949 年《银行业管理法》第 5 条第（c）款规定的金融公司。

（ⅴ）合作银行。

（ⅵ）中央政府以其名义所公告的其他金融机构。

（e）作为州立银行的预定银行，其债务总额应扣除下列银行对该州立合作银行债务的总额。

（ⅰ）州立银行。

（ⅱ）1959 年《州立银行（附属银行）法》第 2 条定义的子银行。

（ⅲ）1970 年《金融公司（企业并购及转让）法》第 3 条设立的相对应新银行。

（ⅲa）1980 年《金融公司（企业并购及转让）法》第 3 条设立的相对应新银行。

（ⅳ）1949 年《银行业管理法》第 5 条第（c）款规定的金融公司。

（ⅴ）中央政府公告的其他金融机构。

（1A）虽有第（1）项的规定，本行可以以政府通知指示，自通知之日起，各预定银行除根据第（1）项规定存放于本行的现金准备外，并应增提额外准备金；其总额不低于依该预定银行收取的活期及定期存款债务总额按通知所载比率。额外准备金计算基础，为各预定银行根据本条第（2）项定期申报资料中，其活期及定期存款债务总额高出通知当日相关债务。本行可以以政府通知的渠道传达另一指示，表明其他日期，适用于公告日之后才列入附表二的银行。

（1AA）虽有第（1）项或第（1A）项规定，预定银行无须向本行提出收取超过其活期或定期存款债务总额 20% 以上的准备金。

（1B）预定银行根据第（1）项或第（1A）项规定发布的通知，向本行缴的不低于该通知规定的准备金，本行应向预定银行支付利息，其利率由本行根据预定银行存放于本行的准备金余额是否超过应提准备而定。超过按第（1）项或第（1A）项规定的额度，本行则不支付利息。

（1C）就本条而言，本行可随时以公函认定任何一项交易或任何一类交易视为预定银行在印度境内的债务；若有疑义无法认定时，本行有最后解释权。

（2）预定银行应定期向本行申报，申报日为隔周周五营业结束时，报表送达本行时间不得超过报告日期后7天，并由两位以上负责人员签署，并表明下列事项：

（a）该行活期及定期债务余额，以及在境内向其他银行借款的金额（并分为活期及定期）。

（b）该行于境内持有有法律效力的纸币及硬币总额。

（c）该行在境内本行账户余额。

（d）该行在其他银行的现金账户余额，以及在境内的即期、短期资金。

（e）该行投资中央或州政府证券的账面价值，包括国库券及国库存款收据。

（f）境内融资金额。

（g）境内票据及外币票据的买入及贴现。本行可通过政府公示的方式，删除、修正或增补上述具体事项。

根据1881年《可转让商品法》的规定，前项申报日的周五如果是某一预定银行一个以上办事处的节假日，申报数据应以其前一工作日的数据为基准，但视为周五申报内容。本行于认为依本项规定每隔两周所寄送的报告，因该寄送行或其分行地理位置的缘故而不符实际需要者，可允许此类银行：

（ⅰ）在上述送达期限内，先送报告草稿，再在申报日20日内寄送正式报告。

（ⅱ）以每月报告代替每两周报告，申报日为每月最后一个营业日，根据本项规定，需说明该行在当月月底的营运情形，该报告应在申报日20日内送达。

（2A）当月最后一周周五如果不是第（2）项规定的隔周周五时，预定银行应按第（2）项规定事项，寄送该周五的特别报告。该周周五若是1881年《可转让商品法》所规定的例假日，报告数据应为其前一工作日数据，该报告应于申报日后7天内送达本行。

（3）预定银行于本行账户内以两周为单位计算的每日平均余额低于第（1）项或第（1A）项所定最低标准时，应就其不足额部分，向本行支付罚款利息，其利率为一般利率加 3%；连续两周每日平均余额未达最低标准时，其罚息提高至 5% 计算，并连续计罚至改善为止。

（3A）根据前款规定所收的罚息提高至 5% 时，预定银行在本行账户内的每日平均余额连续未达法定最低标准时，应支付：

（a）每日平均余额未达最低标准的预定银行董事、经理人或秘书人员明知并有意违规者，应科以最高 500 卢比标准罚款，违规期间内并得按次处以最高 500 卢比的罚款。

（b）本行可勒令违反本款规定的预定银行，自违规时起禁止收受新存款。同时违反每日平均余额最低标准及被禁止收受新存款的预定银行董事或相关人员，无论是因明知、故意或因疏忽导致违规者，应依其违规情节，处以最高 500 卢比的罚款，并自该银行受处分之日起，按每日以最高 500 卢比罚款。

本款所称"相关人员"包括经理、秘书、分行经理及分行秘书等。

（4）违反第（2）项规定的预定银行，在其违规行为持续期间，应向本行支付每日 100 卢比的罚款。

（5）（a）根据第（3）项及第（4）项规定的罚款项，应自本行对违规的预定银行通知缴交罚款之日起算 14 天内支付；若预定银行未于上述期间缴清罚款，由该银行所在地地方民事法院发起扣押命令，该扣押命令仅可在由本行向管辖法院申请时发起。

（b）法院依前款规定下发命令时，应同时发出证明书，说明预定银行应支付的金额；此证明书具有与法院判决相同的执行效力。

（c）不论本条其他规定，本行如认为预定银行未能遵守本条第（1）项、第（1A）项及第（2）项是有正当充分理由的，可视其情形免除追收惩罚性利息或免罚款。

（6）除下文另有规定外，银行应通过政府公报通知：

（a）将尚未列入印度经营银行业务的任何银行列入附表二，而该银行：

（ⅰ）实收资本和储备总额不少于 500 万卢比。

（ⅱ）本行认定其经营业务不致损及存款人权益。

（ⅲ）州立信用合作银行，或属 1956 年《公司法》第 3 条定义的公司，或中央政府公告的机构，或依境外有效法律设立的各类公司。

（b）附表二应除名的银行：

（ⅰ）实收资本额及准备金总价值已低于 500 万卢比。

（ⅱ）本行根据 1949 年《银行管理法》第 35 条的规定，经银行检查认为，任何以损害存款人利益为目的处理其事务的预定银行，应直接从该附表中排除。

（ⅲ）即将清算或停止办理银行业务，但因相关预定银行申请，本行认为有正当理由给予预定银行增加资本或准备金的机会，资本不低于 500 万卢比时，可暂不依第（b）款第（ⅰ）目或第（ⅱ）目的规定发布命令。

（c）当预定银行更名时，连带修正附表二。

本条款所称"价值"，指真实且具交换价值，非仅记载于相关银行账本的账面价值；在计算银行实收资本或准备金总额发生争议时，本行具有最终决定权。

（6A）当决定州立合作银行或区域农村银行是否列入预定银行时，本行应依国家银行出具的证明书，评定该银行实收资本额及准备金是否符合法定最低标准，以及其经营业务有无损害存款人利益的情况。

（7）本行根据具体情形，在预定银行全部或部分营业部，或其资产及负债全部或部分合于规定时，准许预定银行在一定期间及符合规定的情况下，豁免本条规定的约束。

43．银行发布合并报表

银行应每两周发布一份综合报表，根据本法或现行任何其他法律收到的申报表和信息，显示所有预定银行的总负债和总资产。

43A．善意行为保护

对于按照第 42 条或第 43 条或依照第三部分的规定善意地做了或打算做的任何事情，银行或其任何高级职员均不得因任何诉讼或其他法律程序而受到指控。

44．要求合作银行上报报告的权力

略。

45．指定代理机构

（1）除中央政府指示地区外，本行可出于公共利益考量，或因银行业或银行业发展及其他本行认为与此有关的因素，选任根据《国家银行》，或《州立银行》，或根据 1970 年《金融公司（企业并购及转让）法》第 3 条设立的新银行，或根据 1980 年《金融公司（企业并购及转让）法》第 3 条设立的新银行，或 1959 年《州立银行（附属银行）法》所定义的附属银行，作为本行在全国各地区，或本行为特定目的在境内部分地区的代理机构。

（2）根据前项规定选任的银行，可以本行名义，收受依法律或法律授权制定的规定向本行支付或交付票据或有价证券。

第三 A 部分　信贷资料的收集和提供

45A. 释义

在本章节内，除非内容里另做说明，否则：

（a）"银行业企业"与 1949 年《银行业管制法》（第 10 条）中银行业企业所定义的内容相同，包含着印度中央银行、在 1959 年《印度中央银行法》（第 38 条）所定义的任何附属银行、符合 1970 年《收购和转让担保法》（第 5 条）的任何新的银行机构，以及中央政府代为指定的其他金融机构。

（b）"借款人"是指无论是否有效，被任何银行公司批准任何信用限额的任何法人，包括：

（ⅰ）就公司或法人（团体）而言，其附属公司；

（ⅱ）就属印度教不可分割的家庭而言，其任何成员或任何公司为其合伙人；

（ⅲ）就公司而言，任何该公司合伙人或属于该公司的任何其他公司，为其合伙人；

（ⅳ）就个体而言，其名下有任何公司的，该个体为合伙人。

（c）"信用信息"指与以下任何事项相关的信息：

（ⅰ）一个银行公司对于任何借款人或者借款人类别所授予的一定数目和性质的贷款或者垫款，以及其他信贷便利；

（ⅱ）为了任何借款人或者借款人类别的信贷便利，而从它和它的类别处取得的担保性质；

（ⅲ）银行公司为其任何客户或其任何类别的客户提供的担保；

（ⅳ）任何借款人或任何类别的借款人的借款方式、借款历程、金融交易历史及信誉度；

（ⅴ）银行认为与更有秩序的信贷或信贷政策监管相关联的任何其他信息。

45B. 银行收集信用信息的权力

（a）以其认为适当的方式收集银行公司的信用信息；

（b）根据第 45D 条的规定向任何银行公司提供该信息。

45C. 要求退回包括信用信息的权力

（1）为使银行能够履行本章所赋予的职能，银行可随时指示任何银行公司向其提交与该信用信息相关的报表，并在该形式下、该时间段内，银行可随时规定其内容。

（2）不论其他法律就金融公司设立的文件，或金融公司签署的合约关于其与客户间交易的保密义务有无相反的规定，金融公司必须遵守本行根据前项所规定的指示。

45D. 向银行公司提供信用信息的程序

（1）银行公司可就任何与其订立或拟由其订立的任何财务安排，与任何人以银行指明的方式提出申请，要求其向银行公司提供在申请中指定的信用信息。

（2）收到第（1）小节中申请后，银行应尽快向申请人提供与申请中指明事项有关的信用信息，因在其所有权中：前提是所提供的信息中不得披露向银行提交此类信息的银行公司的名称。

（3）银行可能根据每项申请以及相应地提供信用信息的成本，征收不超过25卢比的费用。

45E. 禁止信息披露

（1）金融公司根据第45C条提交本行的报表内容，以及本行根据第45D条向金融公司提供的信息，均应视为机密，除为本章规定目的外，不得对外公布或揭露。

（2）本条不适用于以下情况：

（a）任何银行公司在获得银行先前许可的情况下，根据第45C条，披露向银行提供的任何信息；

（b）银行如认为有必要为了公众利益而发布其根据第45C条所收集的任何信息，应以其认为合适的统一形式，不披露任何银行公司或其借款人的名称；

（c）银行公司或银行向任何其他银行公司，或根据银行家的实际情况和习惯用法，或者任何其他法律所允许或要求所披露或公布的任何信用信息；前提为银行公司在根据本条款所收到的任何信用信息，除根据银行家的实际情况和习惯用法或者任何其他法律所允许或要求所披露或公布的，均不得公布。

（3）即使任何法律条文暂时有效，任何法院、审裁处或其他权威机构，均不得强迫银行或任何银行公司制造或检查任何该银行公司根据第45C条提交的任何陈述或披露任何银行根据第45D条向该银行公司提供的任何信用信息。

45F. 被禁止的若干赔偿要求

任何人无权以合同或其他方式向因本章任何条款的实施引起的任何损失索

求赔偿。

45G. 惩罚

见 1974 年《印度中央银行法（修正案）》（第 51 章）第 15 节。

第三 B 部分　涉及接受存款的非银行机构以及金融机构的条款

45H. 第三 B 部分不适用于以下情况

本章所规定的条款不适用于 1949 年《银行业监管法》（第 10 条）第 5 节所定义的中央银行或银行公司或法中第 5 节中条款所述的相应的新银行、1959 年《印度中央银行（子银行）法》（第 38 条）所述附属银行、区域性农村银行、合作银行、初级农业信贷协会、初级信贷协会。

但为彰显本章目的，泰米尔纳德邦工业投资有限公司不应被视为银行公司。

45I. 定义

在本章中，除非另作要求，否则：

（a）"非银行金融机构业务"是指进行（c）项所述的金融机构的业务，并包括（f）项所述的非银行金融公司的业务。

（aa）"公司"指 1956 年《公司法》（第 1 条）第 3 节所定义的公司，并包括该法案第 591 节所指的外国公司。

（b）"法人（团体）"指根据任何立法机关法令所成立的法人（团体）。

（bb）"存款"包括并须被视为始终以存款或借贷方式或任何其他形式的任何收款，但不包括：

（ⅰ）以股本方式筹集的款项。

（ⅱ）公司合伙人作为资本出资的款项。

（ⅲ）1949 年《银行业监管法》（第 10 条）第 5 节第（c）款所界定的定期银行或合作银行或任何其他银行公司收到的款项。

（ⅳ）任何收到的款项来源于：开发银行，国家金融公司，1964 年《印度工业发展银行法令》（第 18 条）第 6A 款所指明的或者其之下任何金融机构，银行为此而指明的任何其他机构。

（ⅴ）在日常业务过程中收到的款项，方式如下：保证金，经销商存款，定金，由货品、财产或服务订单所收到的预付款。

（ⅵ）从个体、公司或不属于法人团体且根据任何当时在任何国家有效的与放债相关的成文法注册的个人团体收到的任何款项。

（ⅶ）以任何订阅方式收取的任何款项。

解释Ⅰ——1982年《银行法》（第40条）中第2节第（b）款赋予了"字据"定义。

解释Ⅱ——卖方向买方出售任何财产（无论是动产还是不动产）的任何信用不应被视为体现本条款目的的存款。

（c）"金融机构"指任何以进行下列任何活动的业务或部分业务的非银行机构，即

（ⅰ）不论是以贷款或垫款或其他方式，为其他活动提供的融资。

（ⅱ）政府或地方当局或类似性质的其他有价证券发行的股份、股票、信用债券，债券或证券。

（ⅲ）根据1972年《租购法》（第26条）第2节第（c）款所界定的租购协议，向租用人出租或交付任何货品。

（ⅳ）任何类别的保险业务的经营。

（ⅴ）以领班、代理人或任何其他身份来管理、指挥或监督任何国家当时有效的任何法律条文或任何业务所界定的规章制度。

（ⅵ）为任何商品订购、销售或因其他计划或协议，向特定人收受或支付单笔或多笔现金，并对该人或他人给予奖金或赠品。但不包括以下列为其主要业务的机构：农业操作；工业活动；任何货物（而不是证券）的销售、购买或任何服务的提供；不动产的购买，建造或销售，但该机构收入的组成部分没有来自由其他人购买、建造或销售不动产而筹得的资金。

解释——为彰显本章目的，"工业活动"指1964年《印度工业发展银行法》（第18条）中第2节第（c）款中附属款（ⅰ）至附属款（xvⅲ）中指明的活动。

（d）"公司"是指1932年《印度合伙法》（第9条）所界定的公司。

（e）"非银行机构"指公司、法团或合作社。

（f）"非银行金融公司"指

（ⅰ）作为公司的金融机构。

（ⅱ）作为公司，并且有其以在任何计划或安排，或以其他方式，或以其他方式主导的接收存款的主营业务。

（ⅲ）银行可在中央政府的事先批准以及官方公报上的通知指明此类其他非银行机构或此机构类型。

45J. 银行可监管或禁止发出招股说明书或招揽存款广告事宜

若公众认为有必要，银行可通过一般或特殊的命令进行：

（a）监管或禁止任何非银行机构发出任何向公众招募存款的招股说明书或广告；

（b）指明任何该等招股说明书或广告（如不加禁止）可发出的条件。

说明：

本节仅授权印度储备银行管制或禁止任何非银行机构为招募存款而发行任何招股说明书或广告，以及指明发行任何此类招股说明书或广告的条件。

45JA. 银行确定政策和发行方向的权力

（1）为了公众利益，或者为其便利监管国家金融系统，或者为了阻止任何非银行金融公司以损害存款人利益的方式进行其事务，或者阻止任何事务以损害非银行金融机构利益的方式进行，银行有必要或有权这样做，这可以决定政策以及确认所有或者任何与收入确认相关的非银行金融公司。银行有必要或有权这样做，它可以确定政策并向所有或任何涉及收入酬劳、会计准则的非银行金融公司指明方向，对坏账和呆账进行适当的补偿准备，基于资产风险权重和资产负债表外项目的信用转换因子，以及非银行金融公司或一类非银行公司或一般非银行公司的资金配置，此类非银行金融公司必须遵循该政策和该方向。

（2）在无损于本行根据第（1）项规定授予的权限范围内，本行可对一般、特定类型或任何个别非银行金融公司传达下列指令：

（a）不得为以基金或非基金为基础的融通作任何非法用途。

（b）对于任何人、个别公司或某类公司为融通、资金融通或投资其有价证券的最高限额；其最高限额应参考该公司实收资本额、准备金、存款债务及其他相关因素。

45K. 本行向非银行机构收集存款信息并给予指示的权力

（1）本行可随时指示非银行机构遵照本行发布的一般或特别指示，根据固定格式、周期、时间，向本行申报与该非银行机构收受存款有关的报表、信息及细节。

（2）在无损于本行根据第（1）项规定授予的权限范围内，按第（1）项规定提供的报表、信息及细节，需包括收受的存款总额、存款目的、周期、利率及其他期限或条件等。

（3）本行认为基于公共利益的必要，对全体、部分或特定非银行机构就收受存款有关事项（利率及周期）给予指示。

（4）非银行机构未遵行本行依第（3）项规定所给出的指示，本行可拒收其存款。

（5）略。

（6）本行在必要时，可要求所有收受存款的非银行机构在指定期限内，自费将该机构年度资产负债表、损益表或其他年度会计账目送交本年度年底的存款到本行指定数额的存款人。

45L. 本行向金融机构要求提供信息及给予指示的权力

（1）本行在基于本行利益而管理全国信用体系时可以：

（a）要求全体、某类或个别金融机构以一般或个别命令所定格式、周期向本行提供各项声明、报表、信息及与其业务有关事项的明细。

（b）对于全体或任何个别金融机构的业务有关事项给予指示。

（2）在无损于第（1）项第（a）款赋予的权限的范围内，金融机构向本行提供的声明、报表、信息或相关细节资料，需涵盖全部或部分下列项目：实收资本额、准备金额、其他负债、对政府有价证券或其他的投资、对其他人提供融通的目的、期限及条件（包括利率在内）。

（3）本行在根据第（1）项第（b）款规定发布命令时，应参考个别金融机构设立目的、设置条件、法定责任及其业务对货币与资本市场的影响。

45M. 非银行机构根据本行要求提供报表资料的义务

非银行机构有义务依本章规定，提供本行要求的报表、信息及相关明细，并遵行本行所给予的指示。

45MA. 审计人员的权利与义务

（1）非银行机构审计人员有责任查明该机构是否已依本章规定向本行提交报表、信息及相关明细。

（1A）本行因公共利益、存款人权益的必要，可对任意非银行金融公司的审计人员要求提交有关资产负债、损益账目或与前述事项有关账册的债务揭露等事项给予指示。

（2）非银行金融公司的审计人员根据第（1）项规定制作或拟制作报告时，该报告内容应根据1956年《公司法》第227条第2项规定，制作报告目录。

（3）本行认为出于公共利益、非银行金融公司利益或该公司存款人利益的考虑，可随时就该公司在特定期间内的某些交易账务进行特别审查；本行可指派审计人员办理此类特殊审查，并要求相关审计人员向本行提交报告。

（4）审计人员的报酬由本行依其审计工作性质及范围核定；与审计人员有关的一般或偶发费用，应由受审查的非银行金融公司负担。

45MB. 本行禁止收受存款及冻结资产的权力

（1）非银行金融公司违反本章规定，或未遵行本行依本章规定所颁布的指示或命令，本行可禁止该违规的非银行金融公司收受存款。

（2）无论其他协议、文件或现行法律有无相反的规定，基于公共利益或存款人利益的考虑，本行可指示该公司在未经本行事先书面同意时，不得在前项禁止命令发布之日起 6 个月内将其财产或资产出售、转让、设定或担保。

45MC. 本行提出清盘申请的权力

（1）本行在认定非银行金融公司有下列情形之一时，可根据 1956 年《公司法》的规定主动提出解散该公司的申请：

（a）无法清偿债务。

（b）因第 45IA 条的规定导致丧失从事非银行金融机构业务资格。

（c）被本行勒令禁止收受存款且该禁止命令生效已超过 3 个月。

（d）该非银行金融公司继续营业有损于公共利益或其存款人权益。

（2）非银行金融公司拒绝或未在 5 个营业日内提出如期清偿的请求，经本行以书面认定该公司已无法清偿债务并被视为无力清偿。

（3）本行依第（1）项规定提出的申请书应发送副本到公司登记机关。

（4）1956 年《公司法》关于公司解散的规定也适用于本条申请的解散程序。

45N. 检查

（1）本行可随时指派官员、行员或其他人（以下统称检查人员）对下列机构进行检查：

（ⅰ）对于为确认非银行金融机构提交的声明、报表、信息及各项明细的正确性及完整性，或收到本行指示却未提供信息及各项明细的上述机构，可进行检查。

（ⅱ）本行认为有必要时可检查非银行金融机构。

（2）非银行金融机构的董事、委员会成员，或当时被赋予经营管理权限的其他人员，或其职员、受雇人，有义务向检查人员提供所保管的文件、账目及其他文件，并依检查人员指定的时间提供受检机构业务有关的报表及信息。

（3）检查人员有权要求非银行金融机构的董事、委员会成员，或当时被赋予经营管理权限的其他人员或其职员、受雇人宣誓，并对宣誓人员进行业务相关的询问。

45NA. 未经授权人员不得招揽存款

除符合下列各款规定外，任何人均不得以任何非银行机构名义招揽业务，包括印发或主导印发招募存款说明书、刊登广告，向公众吸纳存款，除非：

（a）经该非银行机构以书面授权并说明授权者名称。

（b）招募存款的说明书或广告符合本行依第45J项及其他对招募存款说明书或广告有约束力的规定。

45NB. 信息泄露

（1）与非银行金融公司有关的下列信息应以机密文件处理，除本条另有规定外，不得泄露：

（ⅰ）该公司依本章规定提交的报表及报告。

（ⅱ）本行经由审计、检查或其他方式取得的资讯。

（2）本条规定在下列情形下不适用：

（a）未经本行事先许可，任何非银行金融公司披露根据第（1）款向本行提供的任何资料。

（b）基于公共利益的需要，本行可将根据第（1）项规定取得的信息作成合并报表，隐去个别非银行金融公司或其借款人的名称后公布。

（c）非银行金融公司或本行对其他非银行金融公司所提供或发布的信息，或为此类公司间的实务运作或使用习惯，或为其他法律规定所许可者。

（3）无论本法或其他法律有无其他规定，出于公共利益、存款人或非银行金融公司利益的考虑，本行可主动或通过申请，将各该非银行金融公司业务经营有关的信息提供或通知相关法律机关。

（4）无论现行法律有无其他规定，法院、法庭或其他机关均不得强迫本行制作，或对本行依本章规定取得的报表或其他资料进行调查。

45NC. 豁免

本行在必要时，可通过政府公报，宣布本章的全部或部分规定，在任何情况下或依本行所定的条件、限制或特定期间内，不适用于个别非银行机构、某些类型的非银行金融机构、个别非银行金融公司或某些类型的非银行金融公司。

45O. 处罚

略。

45P. 刑事案件管辖权

略。

45Q. 第三 B 部分的优先适用权

对于其他法律或依其他法律生效的文件有不同规定时，此条款有优先适用权。

45QA. 公司法委员会提出偿还存款的权力

（1）非银行金融公司接受的存款，除续存外应当按照存款条件偿还。

（2）非银行金融公司未能依前项规定向存款人偿付全部或部分债务时，根据 1956 年《公司法》第 10E 条规定设立的公司法委员会，为维护该公司利益，或保护存款人或公共利益，可主动或依存款人申请，指示非金融公司在指定期间内偿付存款的全部或部分金额。公司法委员会在颁布前项命令前应给予非银行金融公司及其他利害关系人陈述意见的机会。

45QB. 存款人指定的收款人

（1）非银行机构存款根据 1949 年《银行管理法》第 45ZA 条颁布的规定，在该存款人全部死亡时，可共同指派一人领取其相关账户内的存款。

（2）不论当时其他法律的规定，或任何文件及证词内容，非银行机构存款人所指定的受款人可在该存款人全部死亡时，领取相关账户内的存款。

（3）指定的受款人尚未成年时，存款人可根据 1949 年《银行管理法》第 45ZA 条所颁布的规定，在该受款人尚未成年而存款人死亡的情况下由一人代理领取。

（4）非银行机构根据本条规定交付存款，即免除对相关存款的法律责任。但本项规定不影响受款人的权利。

（5）除非银行机构以其名义持有存款的人以外，非银行机构不得收取任何人的索偿通知，即使该通知已明确发出，非银行机构也不受该通知的约束。

第三 C 部分　禁止非法人团体接受存款

45R. 释义

本章用语的含义根据其上下文文意而定。

45S. 不得收受存款的情况

（1）在以下情况下，任何人均不得收受存款，包括个人、合伙公司或非公司组织的自然人团体：

（ⅰ）该个人或公司主要或部分业务包括第45I条第（c）款所定的事项。

（ⅱ）该个人或公司主要业务基于特定计划、安排或其他原因收受存款或贷款。本项规定对自然人因向其亲属借款而收受金钱，或公司因向关系人或合伙人亲属借款而收受金钱的情况不适用。

（2）1997年4月1日前并未根据第（1）项规定而有第（1）项规定的存款者，应在该存款到期时或自该日起算3年内以两者中的较早日期作为偿付日期。因前项规定持有存款的人，因不可抗原因，或偿付存款将造成重大困难致无法偿付部分存款债务时，本行可根据其存款人的申请以书面形式适当延长偿付日期。延长期限最长不超过1年。

（3）自1997年4月1日起，符合第（1）项规定的个人不得以任何方式刊登广告招揽存款。

解释——本条所称"亲属"，仅限于下列情形：

（ⅰ）印度大家族成员之间。

（ⅱ）配偶之间。

（ⅲ）其他亲属关系，具体清单如下：

1. 父亲；2. 母亲（包括继母）；3. 儿子（包括继子）；4. 儿媳；5. 女儿（包括继女）；6. 祖父；7. 祖母；8. 外婆；9. 外公；10. 孙子；11 孙媳；12. 孙女；13. 孙女婿；14. 女婿；15. 外孙；16. 外孙女婿；17. 外孙女；18. 外孙女婿；19. 兄弟（包括异父母之兄弟）；20. 妯娌；21. 姐妹（包括异父母的姐妹）；22. 连襟。

45T. 发搜查令的权力

（1）根据1973年《刑事诉讼法》规定有权发搜查令的法院，可依本行或州政府官员的申请发搜查令，以便搜查辖区内违反第45S条不得收受存款的事件。

（2）根据前项规定发出的搜查令，与根据1973年《刑事诉讼法》规定发出的搜查令有同等法律效力。

第四部分 其他规定

46. 中央政府对储备基金的贡献

中央政府向银行转让价值500万卢布的有价证券，由银行拨入储备基金。

46A. 对国家农村信用（长期经营）基金和国家农村信用（稳定）基金的贡献

根据1981年《国家农业和农村发展银行法》，第42节和第43节，每年银行应该将其认为必要和可行的资金投入国家农村信贷（长期经营）基金［National Rural Credit（Long Term Operations）Fund］和国家农村信贷（稳定）基金［National Rural Credit（Stabilisation）Fund］。

46B. 国家工业信贷（长期经营）基金

1. 银行应设立并维系国家工业信贷（长期经营）基金，并将其贷记为

（a）银行的初始金额1亿卢比；

（b）其余资金由银行每年拨给。

规定自1965年6月30日起的五年内，每年的供款不得少于500万卢比，进一步规定了如情况需要，中央政府可授权该行在任何一年内减少上述金额的500万卢比。

2. 该笔资金的数额仅适用于下列目的：

a. 向开发银行提供的贷款和垫款，用于购买或认购由印度工业金融公司、国家工业金融公司发行的股票和债券，或中央政府就此通知的任何其他金融机构发行的债券，或为开发银行的任何其他业务；

b. 购买由开发银行发行的债券；

c. 向进出口银行、重建银行或小型工业银行提供贷款和垫款，用于进出口银行、重建银行或小型工业银行的任何业务；

d. 购买进出口银行、重建银行或小型工业银行发行的债券或债务凭证。

46C. 国家住宅信贷（长期经营）基金

（1）银行应该设立并维系国家住宅信贷（长期经营）基金，每年应将其认为必要的款项存入该基金。

（2）上述基金中的金额仅适用于下列对象：

a. 为国家住房银行的任何业务向国家住房银行提供贷款和垫款；

b. 购买国家住房银行发行的债券和债券。

47. 盈余分配

在计提坏账呆账、资产折旧、员工奖金和养老金以及术法或根据本法或通常由银行提供的所有其他事项后，剩余利润应支付给中央政府。

48. 银行所得税和附加税的豁免

尽管1961年《所得税法》（1961年第43号）或任何其他现行有效的有关所得税或附加税的法规中有任何规定，银行不承担任何收入、利润或收益的所得税或超级税。

49. 银行利率的公布

银行应随时公布其符合本法规定的准备购买或再贴现的汇票或其他商业票据的标准利率。

50. 审计师

（1）中央政府应该至少指派两名审计人员，其薪资由中央政府确定；

（2）审计师的任期由中央政府在委任时决定，最长不可超过一年，但审计师有资格再次获得委任。

51. 政府委任的特殊审计师

在不损害任何第 50 条规定的情况下，中央政府可随时任命审计长和审计师审查和报告银行的账目。

52. 审计师的权利和义务

（1）每名审计师都需要获得一份银行的年度资产负债表，并且有责任审查年度资产负债表以及与年度资产负债表有关的账目及凭单；每名审计师也必须备有一份由银行备存的包含银行所有账簿的清单，并且有权利在任何合理的时间取阅银行的账簿、账目以及其他文件；审计师也有权利用银行的经费来聘请会计师或他人来协助他调查这些会计条目或与之相关的账目问题，并且可就该等账目审查银行的任何董事或高级职员。

（2）审计师们应该就年度资产负债表及里面的账目向中央政府作出报告，且在每份报告中应对该资产负债表是否是一份全面而公平的资产负债表，有无包含所有必要的细节并进行了适当的编制来真实、正确地反映银行事物的状况发表意见。这些细节和适当的编制可以给中央委员会详细的解释和信息，不论信息是否提供了或者是否让中央委员会满意。

53. 申报

（1）银行应该按照中央政府于印度通知指示的格式，编制发行部门和银行部门的周报。这份周报应被中央政府定期以调整好的格式发表在印度公报上。

（2）银行也须在该行年度账目关闭之日起的两个月内，将一份由该银行的行长、副行长、首席会计师签署并经审计师核证的年度报表副本，连同一份有中央委员会就工作作出的报告一并送交给中央政府。其中全年的不良抵款的账户和报告中央政府应安排在印度公报上公布。

54. 农村信用与发展

银行可聘请专家人员研究农村信贷和发展，特别是以下两个方面：

a. 向国家银行提供专家指导和援助；

b. 在其认为可以促进农村综合发展而有需要的领域进行特别研究。

54A. 授权

（1）行长可借一般命令或特别命令，赋予副行长一些根据本法或其他任何现行法律可行使的权力和职能。这些职能可能会在授权时受到一些条件的限制。

（2）事实上，副行长根据本法行使任何权力或作出任何行动即为其有权如此行事的确证。

第 55 条和第 56 条由银行报告，要求申报注册股份所有权的权利——1948 年第 62 号法案，第七条。

57. 银行清算

（1）1956 年《公司法》（第 1 号）中的任何规定均不适用于银行，除非中央政府要求并按照其指示的方式，否则不得将银行清算。

58. 中央委员会制定规章的权力

（1）中央委员会经中央政府事先通过官方公报批准，可制定符合本法的规定，以使本法足够必要和方便使得所有事项可以适用。

（2）特别是在不影响上述规定一般性的情况下，此类法规可规定以下所有或任一事项，即

（a）处理中央委员会事务的方式及在中央委员会会议上须依循的程序；

（b）地方董事会业务的开展和对这些董事会的权力和职能的授权；

（c）将中央委员会的权力及职能转授予银行的副行长、董事或高级人员；

（d）中央委员会的组成，中央委员会对中央委员会的职权下放，中央委员会的业务处理；

（e）银行职员及雇员的职员及退休基金的组成及管理；

（f）对银行有约束力的合约的签立方式及形式；

（g）提供该银行的正式印章，以及使用该印章的方式及效力；

（h）银行资产负债表的编制方式和格式，以及账户的保存方式和格式；

（i）银行董事的报酬；

（j）列明银行与该银行的关系及列明银行须向该银行呈交的报表；

（k）对银行（包括邮政储蓄银行）结算所的规管；

（l）任何遗失、被盗、残缺或不完整的印度政府纸币或银行纸币的价值可予退还的情况、条件及限制；

（m）一般而言，为有效经营银行的业务。

（3）根据本条订立的任何规章，应该在规章所指明的较早或较迟日期起生效。

（4）每项规章在由中央委员会订立后，须尽快送交中央政府，政府应在议会期间，安排向议会每届会议提交一份副本，总期限为三十天，可分为一届会议或两届以上的连续会议。如果在紧接上述会议或连续会议之后的会议期满前，两院均同意不应制定本条例，此后本条例仅以修改后的形势生效或无效（视情况而定）；然而，任何此类修改或废止不得损害任何之前按照次条规定实行的。

（5）根据本条订立的所有规章的副本，须在付款后向公众提供。

58A. 保护善意采取的行动

（1）不得就根据本法或根据本法作出或发出的任何不论是出于好意的或是有意作出的命令、条例或指示，对中央政府、银行或任何其他人提起诉讼、起诉或其他法律程序。

（2）对于根据本法或根据本法制定或发出的任何不论是出于好意的或是有意作出的命令、条例或指示所造成或可能造成的任何损害，不得向中央政府或银行提起诉讼或其他法律程序。

第五部分　处罚

58B. 处罚

（1）任何人依据本法、本法的规定或根据本法所颁布的任何命令、法规或指示要求提供、出具，或给予对公众的存款故意作出在要项上虚假的陈述，或者故意不作要项陈述，可处三年以下有期徒刑，并处罚金。

（2）根据本法的命令、条例或指示，如任何人有责任出示、提供或回答依据本法或任何命令向他提出的任何问题，而他未能出示有关账簿、账目或其他文件，或未能提供任何声明、信息或详情，或根据规定或指示，他应被处以罚款，每一罚违规可处以 2000 卢比以下罚款，如若持续违规，则在第一次犯罪之后，每天可加罚最高 100 卢比。

（3）任何人如违反第 31 条的条文，可处罚款，罚款最高可以与该罪行有关的汇票、汇票、承付票或付款委托书的款额相一致。

（4）任何人如披露据第 45E 条被禁止披露的信息，可处监禁 6 个月，或处罚款 1000 卢比，或两者兼罚。

印度外汇管理法（1999年）

本法案是为了巩固和修订与外汇有关的法律，目标是推动对外贸易和支付，促进印度外汇市场有秩序地发展和运行。在印度共和国第50周年之际由国会颁布如下：

第一部分　序言

1. 简称、范围、申请和开始

（1）本法案可以称为1999年《外汇管理法》。

（2）它适用于整个印度。

（3）它同样适用于被印度居民拥有或控制的所有印度境外分支机构、办事处和代理处以及本法案所适用的任何人所做的违反。

（4）当中央政府在政府公报上发出通知时开始生效，倘若对本法案的不同条款以及对本法案开始条款中的任何证明指定了不同的日期应被解释为该条款开始生效的证明。

2. 解释

除非本法案有其他规定，

（a）"判决法庭"指的是在第16条第（1）款下授权的法庭。

（b）"受理上诉法庭"指的是第18条下的外汇受理上诉法庭。

（c）"授权人"指的是在第10条第（1）款下授权交易商、货币兑换商、离岸银行信托投资或者其他临时被授权的人以处理外汇或者外国证券。

（d）"法官"指的是受理上诉的法庭的法官。

（e）"资本账户交易"指的是改变资产或负债，包括印度居民印度境外的临时债务或者印度居民在印度境外的资产或债务的一项交易并且包括第6条第（3）款所提到的交易。

（f）"主席"指的是受理上诉的法庭的主席。

（g）"特许会计师"具有1949年《特许会计师法》第2条第（1）款（b）项所赋予的含义。

（4A）如果任何人违反第 45IA 条第（1）款的规定，他将被处一年以上五年以下有期徒刑以及最少 10 万卢最高 50 万卢比的罚款。

（4AA）如果任何审计员未能遵守银行根据第 45MA 条发出的任何指示或命令，他将被处以罚款，最高罚款 5000 卢比。

（4AAA）任何人未能遵守公司法委员会根据第 45QA 条第（2）款作出的任何命令，将被处以三年以下有期徒刑，并可在此类不遵守持续期间，每天处以不少于 50 卢比的罚款。

（5）如果除审计人员以外的其他人员：

a. 在违反有关的任何规定或命令的情况下接受任何存款；未能遵守银行根据有关的规定发出的任何指示或命令。

b. 视情况而定，除按照第 45NA 条或第 45J 条的命令外，发出任何招股说明书或广告，可处三年以下有期徒刑，并视违规情节，可处罚款。

ⅰ. 如违反上述 a 款，则按所收押金的两倍罚款；

ⅱ. 如违反上述 b 款，则按两倍于招股说明书或广告所要求的保证金罚款。

（5A）任何人如违反第 45S 条的任何条文，可处监禁最长两年的刑期，或可处罚款，该罚款最高可达该人违反该条而收取的存款额的两倍，或 2000 卢比，以较大者为准，或两者兼罚：但如对法院的判决并无特殊及充分的可反驳的理由，则监禁不得少于一年，罚款不得少于 1000 卢比。

（5B）尽管 1973 年《刑事诉讼法》第 29 条另有规定，大都会法官（Metropolitan Magistrate）或一级法官（Judicial Magistrate）可对根据第（5A）款被定罪的人判处超过该条所指明限额的罚款。

（6）如果违反了本法的任何其他规定和任何其他要求，或违反了根据本法作出或发出的任何命令、条例或指示，或违反了本法规定的任何条件，则任何违反本法规定的人应被处以罚款，罚款金额最高可至 2000 卢比，并且违反若持续存在，则在违反或不履行持续期间，在第一次违反或不履行之后，每天可加罚 100 卢比。

58C. 公司犯罪

（1）若违反了第 58B 条所述的行为或对该行为失责的主体是一家公司，则在该项违例事项或失责行为发生时，该时间和该公司负责的每一个主管或责任人都会被指控为存在违反或失责行为，可据此被起诉处罚。

但如有人可证明对该违例事项或失责行为并不知情，或可证明他已尽全力防止该违例事项或失责行为发生，则该人无须受惩罚。

（2）尽管有第（1）款的规定，如公司犯了本法所规定的罪行，并证明该罪行是在公司的董事、经理、秘书或其他高级职员或雇员的同意或纵容下发生的，或是由于该董事、经理、秘书或其他高级职员或雇员的疏忽而发生的，则该董事、秘书、其他高级职员或雇员也应被视为犯有该罪行，可据此被起诉和处罚。

解释1——根据本法可处罚的任何犯罪行为应视为发生在注册办事处或主要营业地在印度（视情况而定）的公司。

解释2——就本节而言，

（a）"公司"指公司法人团体，包括股份有限公司、非银行机构、事务所、合作社或其他个人协会；

（b）"董事"，就一个公司而言，指这个公司的合伙人。

58D. 第58B条的不适用的情况

第58B条并不适用于第42条所处理及提及的任何事宜。

58E. 犯罪的认定

（1）任何法院不得对根据本法应惩处的任何罪行进行审理，除非银行官员（通常或经银行书面特别授权）以书面形式提出申诉，并且除大都会法官（Metropolitan Magistrate）或一级法官（Judicial Magistrate）或其上级法院以外，任何法院不得对任何根据本法应惩处的罪行进行审理。

但若违反第58B条第（5a）款可处罚的罪行，一般情况或特别情况下州政府官员也可以以书面形式提出申诉，法院应予受理。

（2）即使1973年《刑事诉讼法》规定了法官可以视情况免除提交申诉的银行人员亲自出席，但在法律程序的任何阶段，法官认为需要时，可以自行决定是否让申诉人亲自出席。

58F. 罚款用途

法院根据本法处以罚款时，可指示将全部或部分罚款用于支付诉讼费用。

58G. 银行罚款的权力

（1）尽管第58B条罗列了许多违反条例，但如非银行金融机构违反或不履行第58B条所述的内容，该银行可向该非银行金融机构施加以下压力：

a. 处5000卢比以下罚款；

b. 如果违反或不履行第58B条第（4A）款或第（5）项（a）款的，在可量化的情况下，处以 5 万卢比或该违反或违约涉及金额的两倍的罚款，以较高者为准；若违反若持续存在，则在违反或不履行持续期间，则进一步罚款，每天处以 2.5 万卢比以下的罚款。

（2）若银行根据第（1）项施加罚款时，银行应向非银行金融机构发送书面通知，要求该公司说明其不认可将通知中规定的金额作为罚款的原因，并向该非金融机构提供合理的解释的机会。

（3）银行根据本条规定所施加的罚款应在银行向非银行金融机构发出支付款项的通知之日的 30 天内支付。如逾期未缴，则由该违规机构所在地有管辖权的主要民事法院签发命令，征收罚款。除非经过银行的授权人员以本行的名义提出了申请，否则法院不允许签发。

（4）根据第（3）项签发命令的法院，应同时发出一份证明书说明该违规机构应缴的罚款金额，该证明书的法律效应与法院在民事诉讼中做出的判决书一样。

（5）若银行已依据本条款向非银行金融机构提出诉讼，则该行不可再对该机构提起诉讼。

（6）若银行已就第 58B 条所述的违反或失责性质向法院就非银行金融机构提出申诉，则不得再根据本条就该机构提起诉讼。

（h）"货币"包括所有的储备银行所通知的流通券、邮政券、邮政汇款单、汇款单、支票、汇票、旅行支票、信用证、汇票和本票、信用卡或其他相似的工具。

（i）"流通券"包括硬币和银行券形式的现金。

（j）"经常账户交易"指的是除了资本账户之外的交易并且不违反这项交易进展的一般性，包括

（ⅰ）通过普通商业渠道与外贸、其他经常业务和服务、短期银行和信贷便利相连的应付款；

（ⅱ）贷款利息和投资净收入的应付款；

（ⅲ）海外父母、配偶和孩子的生活支出的汇款；

（ⅳ）与国外旅行、教育以及与父母、配偶和孩子的医疗有关的支出。

（k）"执行董事"指的是在第 36 条第（1）款下所指定的执行董事。

（l）"出口"根据语法变化和同类短语指的是

（ⅰ）将任何货物带到印度境外的某一地方；

（ⅱ）从印度向印度境外的任何人提供服务。

（m）"外国货币"指的是除印度货币之外的任何货币。

（n）"外汇"指的是外国货币并且包括

（ⅰ）任何可支付外币的存款、贷款和余额；

（ⅱ）用印度货币表示的或开出的但是用外币支付的汇票、旅行支票、信用证或者汇票；

（ⅲ）由印度境外的银行、机构或个人开出的但是用印度货币支付的汇票、旅行支票、信用证或者汇票。

（o）"外国证券"指的是以股票或债券的形式或者以外币标识或表示的证券，但是偿还或者任何形式的归还例如利息或者分红是以印度货币支付的。

（p）"进口"，根据语法变化和同类短语，指的是将任何货物或者服务带入印度境内。

（q）"印度货币"指的是用印度卢比表示或开出的货币，但是不包括根据 1934 年《印度储备银行法》第 28A 条所颁布的特别银行券和特别卢比券。

（r）"合法从业者"具有 1961 年《律师法》第 2 条第（1）款（Ⅰ）项中所赋予的意义。

（s）"成员"包括受理上诉法庭的一名成员并且包括主席本人。

（t）"通知"指的是在政府公报上的通知并且短语"通知"也应该如此解释。

（u）"居住在印度境外的人"指的是某人不在印度境内居住。

（v）"储备银行"指的是在 1934 年《印度储备银行法》第 3 条第（1）款下设立的印度储备银行。

（w）"证券"指的是股票、债券，在 1944 年《公共债务法》中解释的公债，适用于 1959 年《政府储蓄券法》的储蓄券、有关证券存款的银行存款单以及根据 1963 年《印度投资信托法》第 3 条第（1）款而设立的投资信托或者其他共有基金，还包括证券权益证书，但是不包括汇票或者本票除了政府本票或者储备银行为了本法案的目的而通知为证券的其他工具。

（x）"服务"指的是对潜在的使用者所做的任何与服务有关的描述，包括与银行、金融、保险、医疗补助、法律协助、儿童基金、房地产、交通、工业、电力或者其他能源供给、寄膳或者寄宿或者二者兼有、娱乐、消遣或者鉴定新闻或其他信息有关的便利条款，但是不包括提供免费服务或者个人服务合同下提供的服务。

第二部分　外汇交易的管理和规则

3. 外汇等交易

除非本法案以下所制定的规则或规章中的规定或者得到储备银行的一般或特别许可，任何人不得：

（a）与除授权交易商之外的任何人交易或者转让任何外汇或外国证券；

（b）以任何方式给予印度境外居民的任何支付或者信贷；

（c）收到除通过授权人之外的任何人的汇款支付或者以任何方式代表印度境外的人；

解释：为了本条款的目的，如果印度境内的人或印度居民收到任何汇款支付或者代表印度境外的任何居民通过其他人（包括授权交易商在内）而没有从印度境外的向国内汇款，除了通过授权交易商之外这些人应被认为已经收到该付款；

（d）参加印度境内的任何金融交易，为了或者与获得、创造或转让印度境外居民的任何财产权相连。

解释：就本条款而言，"金融交易"是指进行任何支付、为任何人进行贷款或收到任何付款，通过命令或者代表任何人，或开出、签发或谈判任何汇票或本票或转让任何证券或者承认债务。

4. 持有外汇等

除非有其他规定，任何印度居民不得获得、持有、拥有、占有、转让任何外汇、外国证券或者在印度境外的不动产。

5. 经常账户交易

任何人可以通过授权人出售或提取外汇，如果这种销售或提取是经常账户交易：除非中央政府为了公众利益以及与储备银行协商可以为经常账户交易规定合理的限制。

6. 资本账户交易

（1）任何人为了资本账户交易可以通过授权人出售或提取外汇。

（2）储备银行可以与中央政府协商，列明：

（a）所许可的资本账户交易的等级；

（b）该交易所批准的外汇限制：除非储备银行不能对关于分期偿还贷款的应付款的外汇的提取或通过正常商业渠道的直接投资折旧施加限制；

（3）根据规章的规定，储备银行可以做以下禁止、限制或控制：

（a）印度居民转让或发行任何外国证券；

（b）印度境外居民转让或发行任何证券；

（c）印度境外居民的印度分公司、办事处或代理处转让或发行任何证券或外国证券；

（d）无论以任何形式以任何名义借入或贷出外汇；

（e）印度居民和印度境外居民之间以任何形式、任何名义借入或贷出卢比；

（f）印度居民和印度境外居民之间的存款；

（g）出口、进口或者持有货币或者流通券；

（h）转让印度境外的不动产，印度居民的不超过 5 年的租赁除外；

（i）由印度居民所导致的债务以及欠印度境外居民的债务，或者

（j）由印度境外居民所导致的。

（4）如果货币、证券或者财产是他在印度境外获得、持有或拥有的或者是从印度境外居民那里继承来的，印度居民可以持有、拥有、转让或投资于该外币、外国证券或其他在印度境外的不动产。

（5）如果货币、证券或者财产是当他在印度居住时获得、持有或拥有的或

者是从印度居民那里继承来的，印度境外居民可以持有、拥有、转让或投资于该外币、外国证券或其他在印度境外的不动产。

（6）当印度境外居民经营与这些分公司、办事处或其他营业处有关的营业活动时，在不违反本条条款情况下，根据本规章规定储备银行可以禁止、限制或控制印度境外居民在印度设立分公司、办事处或其他营业处。

7. 货物和服务的出口

（1）每位货物出口商应：

（a）向储备银行或其他权力机构以下列形式和方式提供一份申报单，它包括真实无误的重要详细资料，并且如果货物的全部出口价值在出口时无法确定以及出口商根据现在的市场行情期望在印度境外的市场上销售货物而获得价值时，还应该包括代表全部出口价值的数量。

（b）向储备银行提供储备银行为了保证出口商出口收益的实现而要求的其他信息。

（2）储备银行为了保证在现行的市场条件下的全部货款或由储备银行所决定的减少了的货款能够毫不延迟地收到，可以要求所有出口商服从适当的要求。

（3）每位服务出口商应向储备银行或其他机构以下列形式和方式提供包含与服务付款有关的真实无误的重要详细条款的申报单。

8. 外汇的变现和汇回

除非本法案中有其他规定，对于到期的或对印度居民所产生的任何数额的外汇，该人应该以储备银行所规定的方式在规定的期限内采取合理的步骤将这些外汇变现并汇回印度国内。

9. 某些情况下的变现和汇回的豁免

（a）任何人在储备银行规定的限度内拥有外币或者外国硬币；

（b）被该人或各类人持有或选择的外币账户在储备银行所规定的限度内；

（c）在1947年7月8日之前所获得的或者收到的外汇，或者在得到储备银行所批准的一般或特别许可的由印度境外居民在这些外汇的基础上产生的收入；

（d）印度居民在储备银行规定的范围内持有外汇，如果这些外汇是（c）款中所提到的人的馈赠或遗产，包括这些外汇所产生的收入；

（e）在储备银行规定的限度内通过工作、从事商业、贸易、旅游、服务、酬劳、馈赠、遗产或者其他合法手段而获得的外汇。

第三部分　授权人

10. 授权人

（1）储备银行在得到申请人想获得外汇的申请时可以授权某人，即我们所说的授权人，以授权交易商、货币兑换商或者离岸银行投资信托者或者它认为合适的任何其他方式来处理外汇或者外国证券。

（2）本条款下的授权应采取书面的形式并且符合规定的相应条件。

（3）在第（1）款下的授权可以由储备银行在任何时候撤销，如果储备银行确信：

（a）这样做有利于公众的利益；或者

（b）授权人不能服从批准授权时所规定的条件或者违反了本法案或任何规则、规章、通知、指示或以下所做的命令中的条款：

假设根据在（b）条款中所提到的规定如果授权人有合理的机会对此问题进行陈述那么该授权就不能撤销。

（4）授权人应该在其所有的外汇或者外国证券交易中符合储备银行不时地颁布的适当的总的或者特别的指导或命令，并且，除非得到储备银行的提前批准，授权人不能从事不符合本条的授权条款的、与外汇或者外国证券有关的交易。

（5）授权人在代表任何人从事一项外汇交易之前，都应该要求该人做出此种声明并且提供这些信息，能够合理确保该项交易不会涉及并且不是为了违反或者逃避本法案中的条款或任何规则、规章、通知、以下所规定的指导或命令的目的而专门设计的；如果上述人拒绝服从此要求或者仅仅是不令人满意地服从要求，授权人应该以书面形式拒绝从事此项交易，并且，如果授权人有理由相信此人正在策划上述违反或逃避，应该告知储备银行。

（6）除授权人外，为了在其给授权人的申报表中所提到的在第（5）款中所规定的目的而已经获得或购买到外汇的任何人不是将这些外汇用于这种目的或者在规定的期限内没有上交给授权人或者将这些获得的或者购买的外汇用于根据本法案的条款或规则、规章、指导、以下所规定的命令不能够购买或者获得外汇任何其他目的，都被视为违反了本法案本条目的的条款。

11. 储备银行向授权人发布指导的权力

（1）为了确保符合本法案的条款以及以下所规定的任何规则、规章、通知和指导，储备银行可以在有关支付、继续或停止某种与外汇或外国证券有关的行为方面发布指导。

（2）为了确保符合本法案的条款以及以下所规定的任何规则、规章、通知和指导，储备银行可以指导授权人按照它认为合适的方式提供这些信息。

（3）如果授权人违反了储备银行根据本法案所规定的指导或者不能按照储备银行的要求完成所有答复，储备银行如果给了授权人进行解释的合理机会之后，则可以对授权人征收高达 10000 卢比的罚款；如果继续违反，将在违反持续期间每天征收 2000 卢比的额外罚金。

12. 储备银行检查授权人的权力

（1）储备银行随时可以通过储备银行以书面形式特别授权的任何一位储备银行的官员，对授权人的业务进行必要的或者有利的检查，为了：

（a）证明向储备银行提供的任何陈述、信息或者细条的正确性；

（b）获得授权人没能提供的信息和详细条件；

（c）保证服从本法案的条款或者以下所制定的任何规则、规章、指导或命令。

（2）无论授权人是一家公司或企业或者这个公司或企业的董事、合伙人或其他官员，根据具体情况，授权人都有义务向根据第（1）款中的规定进行检查的任何官员提供工作册、账簿和其他在其保管或权力范围内的其他文件，并且按照上述官员所命令的时间和方式提供上述官员所要求的与这个人、公司或企业的事务相联系的陈述或信息。

第四部分　违反和处罚

13. 处罚

（1）任何人违反了本法案的条款或者在行使本法案的权力时违反了所颁布的任何规则、规章、通知、指导、命令或者违反了储备银行进行授权的任何条件；此时，如果违反金额是可以计量的，那么在判决时他将被征收三倍于违反金额的罚款；如果该金额是不可计量的，罚款将高达 200000 卢比；如果该违反是持续的，在违反持续期间，在第一天之后每天将被征收 5000 卢比的进一步罚金。

（2）任何一个根据第（1）款的规定判决违反的机构，如果认为应该为这次违反增加额外处罚，可以命令中央政府没收所有证券或者在违反发生地的财产，同时它还可以进一步命令违反规定的人或与此有关的各方所持有的外汇应该带回印度或者根据在这方面的指导保留在印度境外。

解释：就本条款而言，违反发生地的"财产"应包括

（a）上述财产所转换成的银行存款；

（b）上述财产所转换成的印度货币，及

（c）上述财产所转换成的任何其他财产。

14. 执行判决法庭的命令

（1）根据第 19 条第（2）款的规定，如果任何人从通知他支付罚金那天起 90 天内没有完全支付第 13 条下的罚款，根据本条规定，将受到民事拘留的处罚。

（2）如果判决法庭命令不履行者在通知中规定的期限内去见法官并向法官当面解释为何不能执行民事监禁的原因，则判决法庭不会下发将不履行者逮捕和拘留到民事监狱的命令。除非判决法庭以书面形式的原因确信：

（a）在判决法庭下发了通知之后，不履行者为了达到阻碍处罚执行的目的或作用，欺骗性地转移、隐藏或者转移他的部分财产，或者

（b）自判决法庭下发通知之后，不履行者有能力支付欠款或其中的很大的一部分，但是拒绝、忽略或者已经拒绝或忽略支付欠款。

（3）尽管在第（1）款中包含其他各种情况，如果根据宣誓书或者其他方面，判决法庭确信不履行者带有推迟执行命令的目标或目的或者不履行者很可能逃避或者离开判决法庭在当地的管辖区域，则判决法庭将签发逮捕令。

（4）如果他不是根据第（1）款签发或送达的命令而出现的，则判决法庭可以签发逮捕不履行者的逮捕令。

（5）根据第（3）款或第（4）款的规定，如果其他法官发现不履行者，且处在他的管辖范围内，其他法官可以执行判决法庭签发的逮捕令。

（6）在执行本条的逮捕令所逮捕的任何人，都应该在尽可能短的时间内以及无论在何种情况下逮捕发生的 24 小时内（旅程时间除外），带到签发逮捕令的法官面前。除非，不履行者交纳了逮捕令中所规定的应付款以及法官逮捕他时的费用，该法官应该立即释放他。

解释：为了本款的目的，如果不履行者是印度教未分开的家庭，该家庭的卡塔应被视为不履行者。

（7）当不履行者根据通知到判决法庭面前说明原因或者拒绝本条的有关规

定而被带到判决法庭时，判决法庭应该给不履行者解释其没有进民事监狱的原因的机会。

（8）在调查未下结论之前，判决法庭可以根据自己的判断，命令将该不履行者以判决法庭认为合适的方式拘留监护，或者如果他向判决法庭交纳了让他满意的抵押品之后并保证随叫随到，则判决法庭可以将其释放。

（9）在调查结束之后，判决法庭可以命令将不履行者拘留到民事监狱，且如果他还没有被拘留，此时他将被拘留。

除非为了给不履行者偿还欠款的机会，判决法庭在下逮捕令之前，可以在规定的不超过15天的期限，由逮捕他的法官监护；或者在规定的期限期满之后他还没有偿还欠款但是交纳了让判决法庭满意的保证他能出现的抵押品之后，判决法庭可以将其释放。

（10）当判决法庭不是根据第（9）款下发拘留不履行者的命令时，应将不履行者释放。

（11）在实现凭证时，每位被拘留到民事监狱的应该这样被拘留：

（a）如果该凭证是金额超过1000万卢比的支付要求时，期限应该超过3年；

（b）在其他情况下，期限超过六个月：如果不履行者将在逮捕令中所提到的金额支付给负责民事监狱的官员，那么他应该立即被释放。

（12）根据本条中的规定被释放了的不履行者，不能因为被释放了就拒绝偿还欠款；但是在他偿还欠款（因为它而被拘留）期间，不能再被拘留。

（13）逮捕令可以在印度任何地方根据1973年的《刑法》中规定的有关执行逮捕令的方式执行。

15. 解决违反的权力

（1）在第13条下的任何违反，在违犯者提出申请时，应该在从执行董事或执行董事会的其他官员或者以中央政府所规定的方式而授权的储备银行官员收到申请起的180天内解决该违反。

（2）如果根据第（10）款的规定违反已经被解决，应根据案件的具体情况不应该启动控诉或者继续控诉在该条下的违反者。

第五部分　判决和上诉

16. 判决法庭的任命

（1）为了第13条下的判决，中央政府可以通过在政府公报上颁布命令的方式任命中央政府认为适当多的官员，在给根据第（2）款的规定而起诉违反第13 条规定的违反者（本条以后是指上述的人）合理的解释机会之后，为了施加任何处罚，判决法庭可以以规定的方式进行调查。

除非判决法庭认为上述人可能会逃债或者以任何方式逃避征收的罚金，其可以要求上述人提交他认为合适的与该金额相适应的契约或者担保。

（2）中央政府在任命第（1）款下的判决法庭时同时应该在政府公报中列明它们的权限。

（3）除了中央政府的一般或特别命令授权的官员的书面起诉，判决法庭不能进行第（1）款下的调查。

（4）上述人可以亲自或者由他选择的处理这个案件的律师或者特许会计师出席判决法庭。

（5）每个判决法庭具有在第 28 条第（2）款下所赋予的与民事法庭相同的权力，及

（a）所有的上诉都应被视为具有印度刑法典第 193 条和第 228 条中的含义的法庭上诉；

（b）就 1973 年的犯罪程序法第 345 条和第 346 条而言，都应被视为民事法庭。

（6）每个判决法庭应该尽快处理第（2）款下的上诉并且努力在从收到上诉起的一年内最终处理好上诉：

如果判决法庭不能在上述规定的期限内处理好控诉，应该定期以书面形式记录不能在上述期限内解决控诉的原因。

17. 上诉到特别专员（上诉）

（1）中央政府应该以通知的形式任命一个或者多个特别专员（上诉）听取对在本条下判决法庭的命令的上诉，并且在上述通知中应该列明与特别专员（上诉）可以行使权限有关的事务和地点。

（2）判决法庭的命令所致使的受害方，作为执行董事的助理或者执行董事的代表，可以向特别专员（上诉）进行上诉。

（3）在本款（1）中的每一个上诉应该在受害方接到判决法庭的命令副本起 45 天内以规定的形式、采用经审定的方式并交纳规定的费用后提起上诉：

如果特别专员确信在上述规定的期间有足够的原因不能提交上诉，那么特别专员（上诉）在上述 45 天期限到期后还可以接受上诉。

（4）在收到在第（1）款下的上诉之后，特别专员（上诉）在给予上诉各方申诉机会之后，以其认为合适的方式发布命令，确认、修改或者将所起诉的命令放到一边。

（5）特别专员（上诉）应该给上诉各方以及与此有关的判决法庭下发每个命令的副本。

（6）特别专员（上诉）应该具有在第 28 条第（2）款下的判决法庭所赋予的与民事法庭同样的权力。

（a）所有的上诉都应被视为具有印度刑法典第 193 条和第 228 条中的含义的法庭上诉；

（b）就 1973 年的犯罪程序法第 345 条和第 346 条而言，都应被视为民事法庭。

18. 设立受理上诉法庭

中央政府应该以通知的形式设立受理上诉法庭，即外汇受理上诉法庭，听取对本法案中的判决法庭和特别专员（上诉）命令的上诉。

19. 到受理上诉法庭上诉

（1）除非第（2）款中另有规定，中央政府或者判决法庭命令所导致的任何受害人［在第 17 条中的第（1）款中所谈到的这些人或者特别专员（上诉）除外］可以对判决法庭控诉：

如果任何人起诉判决法庭的命令或者特别专员（上诉）所征收的罚款，那么在他上诉时，应该将罚金上交给中央政府所通知的法庭。

进一步而言，如果在任何特殊的情况下，受理上诉法庭认为这些罚金存款将会为该人带来不适当的困难，可以免除这些合适的可以保证处罚实施的存款。

（2）在本款（1）中的每一个上诉应该在受害方或者中央政府接到判决法庭或者特别专员（上诉）的命令副本起的 45 日内以规定的形式、采用经审定的方式并交纳规定的费用后提起：

如果受理上诉法庭确信在上述规定的期间有足够的原因不能提交上诉，则受理上诉法庭在上述 45 日期限到期后还可以接受上诉。

（3）在收到在第（1）款下的上诉之后，受理上诉法庭在给予上诉各方申诉机会后，以其认为合适的方式发布命令，确认、修改或者将所起诉的命令放到一边。

（4）受理上诉法庭应该给上诉各方以及与此有关的判决法庭或者特别专员

（上诉），视案件具体情况而定，下发每个命令的副本。

（5）受理上诉法庭所收到的在第（1）款下的每个上诉都应该尽快处理，并且努力在收到上诉起的 180 日内最终解决上诉：

如果受理上诉法庭不能在上述规定的 180 日内解决上诉，应该定期以书面的形式记录不能在上述期限内解决控诉的原因。

（6）为了检查在第 16 条下的判决法庭所做的与审理有关的所有命令的合法性、妥当性或者正确性，受理上诉法庭可以本着自己的动机或者其他，要求该审理的记录，并以合适的方式下达命令。

20．受理上诉法庭的构成

（1）受理上诉法庭应该由一名主席和中央政府认为适当的一定数量的成员构成。

（2）根据本法案条款的规定：

（a）受理上诉法官团可以行使的权限；

（b）一个法官团可以由主席和一名或者多名主席认为合适的成员构成；

（c）受理上诉法官团一般应该在新德里以及在中央政府与主席协商之后而通知的其他地方办理事务；

（d）中央政府应通知与每个受理上诉法官团行使权限有关的地区。

（3）根据在第（2）款中所包含的所有情况，主席可以将一名成员从一个主席团转到另一个主席团。

（4）在审讯一个案件或事件的任何阶段，如果该主席或者一名成员认为该案件或事件应该由两名成员组成的法官团审讯，根据案件的具体情况，该案件可以由主席或者其他负责转移的人转移到主席认为合适的法官团。

21．任命主席、成员和特别专员（上诉）的资格

（1）一个人不能被任命为主席或者成员，除非他：

（a）对于主席来说，他是、曾经是或者有资格当高级法院的法官；

（b）对于成员来说，他是、曾经是或者有资格当区法官。

（2）一个人不能被任命为特别专员（上诉），除非他：

（a）是印度法律机关的一名成员并且在这一级机关中任职；或者

（b）是印度税收机关的成员并且拥有与印度政府联合秘书相同的职位。

22．任期

主席和其他成员应该从他进入办公室那天开始算起的 5 年任期内担任职务：

在他担任该职务之后，其他主席或者其他成员不能再担任该职务。

（a）对于主席而言，年龄为 65 岁；

（b）对于其他成员而言，年龄为 62 岁。

23. 任职条款和条件

主席、其他成员和特别专员（上诉）所应支付的工资和津贴以及其他任职条款和条件应该按照有关规定执行。

主席或者成员无论是工资津贴还是其他任职的条款和条件在任命之后都不能根据不利条件而改变。

24. 空缺

如果因为暂时缺席之外的其他原因，主席或者一名成员的位置出现空缺，中央政府应该根据本法案的条款任命其他人填补空缺，并且受理上诉法庭从填补空缺的阶段开始继续审理。

25. 辞职和免职

（1）主席或者一名成员可以对中央政府亲笔书面通知的形式辞职：

如果中央政府没有批准他不久后离职，该主席或者一名成员应该继续担任职务直到从他接到通知起的 3 个月期满、他的继任者到任或者他的任期已满，无论哪一个是最早的。

（2）主席或者一名官员不能离职，除非有中央政府在已经得到总统所任命的人的调查之后而证明他有不良行为或不能继续任职的命令，并且应该将该控诉通知与此事有关的主席或者成员以及给他们合理的机会进行与该控诉有关的申诉。

26. 在一些情况下，成员可以担任主席职务

（1）如果由于主席的死亡、辞职或者其他原因而出现的主席职务的任何空缺，在根据本法案的条款而任命的填补空缺的新主席到任之前，应该由成员中年纪最大者担任主席。

（2）当由于缺席、疾病或者其他原因而使主席不能履行其主席的职责时，在主席恢复履行职责之前应该由成员中年纪最大者履行主席职责。

27. 受理上诉法庭的全体职员和特别专员（上诉）

（1）中央政府应该向受理上诉法庭和特别专员（上诉）提供合适的官员和雇员。

（2）受理上诉法庭的官员和雇员以及特别专员（上诉）的办事处应该在主

席以及特别专员的全面监督下履行职责，根据具体情况而定。

（3）受理上诉法庭和特别专员（上诉）办公室的官员和雇员的工资、津贴和其他任职条件应该按照具体的规定执行。

28. 受理上诉法庭和特别专员（上诉）的程序和权力

（1）受理上诉法庭和特别专员（上诉）不应该受 1908 年《民事程序章程》所规定的程序的约束，但是应该受自然审判规则的指导以及受本法案其他条款的约束，受理上诉法庭和特别专员（上诉）有权力规定自己的程序。

（2）受理上诉法庭和特别专员（上诉）为了履行本法案下的职责，在审理一案件时，在以下方面具有 1908 年《民事程序规章》中对民事法庭所授予的同样的权力，即

（a）传唤和强制每个人出庭并且检查他们宣誓不说谎；

（b）要求发现和提供文件；

（c）接受宣誓书中的证据；

（d）根据 1872 年的《印度证据法》第 123 条和第 124 条的规定征用任何公共的记录、文件或者其他办公处的这些记录和文件的副本；

（e）签发核查这些证据或文件的委托；

（f）评审其决定；

（g）解散缺席陈述或者片面决定；

（h）驳回解散缺席陈述的任何命令或者片面通过的任何命令；及

（i）中央政府所规定的其他任何事情。

（3）由受理上诉法庭或特别专员（上诉）根据本法案所下发的每条命令都应该被视作民事法庭的法令一样由受理上诉法庭或特别专员（上诉）执行，并且为了达到这个目的，受理上诉法庭或特别专员（上诉）应该具有民事法庭同样的权力。

（4）尽管在第（3）款中所做的任何规定，受理上诉法庭或特别专员（上诉）可以将其所做的任何命令传达给具有当地权限的民事法庭，且民事法庭应该将其作为该法庭所下达的法令来执行。

（5）受理上诉法庭或特别专员（上诉）所使用的所有程序都应被视作具有《印度刑法典》第 193 条和第 228 条中的含义的司法程序，且受理上诉法庭应被视作 1973 年《刑事程序法》第 345 条和第 346 条中的民事法庭。

29. 法官之间的工作分配

在法官团成立之后，主席应该不时以通知的方式对有关受理上诉法庭法官

的工作分配做出规定并且同时规定每位法官应该处理的事务。

30. 主席调换案件的权力

在接到任何一方的申请并通知各方之后，并且在听取他所愿意听取的事情之后或者他自己的没有这种通知的动议，主席可以将一个法官团没有解决的案件调换给其他法官团处理。

31. 多数人决定

如果有两名成员组成的法官团在任何观点上持有不同的意见，他们应该陈述有不同意见的一个或多个观点并且提交给主席；主席可以自己亲自听这个或者这些观点，也可以将该案件的这个或者这些观点提交给受理上诉法庭的其他一个或多个官员来听取意见；这个或者这些观点应该根据已经听取包括第一次听取这个案件的受理上诉法庭的大多数成员的意见来裁决。

32. 上诉人的借助律师或者特许会计师或政府以及委任出席官员的权力

（1）当一个人向本法案中的受理上诉法庭或特别专员（上诉）提起上诉时，可以亲自出庭也可以选择律师或者特许会计师代表他到受理上诉法庭或特别专员（上诉），视具体情况而定。

（2）中央政府可以授权一名或多名律师、特许会计师或者其他官员担任出席官员，且每位授权者可以在受理上诉法庭或特别专员（上诉）中介绍与上诉有关的案件。

33. 作为公务员的成员等

主席、受理上诉法庭和特别专员（上诉）以及判决法庭的成员、其他官员以及雇员应该被视作具有在《印度刑法典》第21条中的含义的公务员。

34. 民事法庭所不具有的权限

任何民事法庭没有权力接受任何关于根据本法案所授权给判决法庭、受理上诉法庭或者特别专员（上诉）来处理的案件或诉讼，并且在根据本法案所授予的权力而采取某种行动时，任何法庭或者其他机构不能对此下发任何禁令。

35. 上诉到高级法院

受理上诉法庭的任何裁决或者命令而导致的受害方，可以在收到受理上诉法庭的裁决或命令起的60日内对本命令所引起的任何法律问题提起诉讼。

除非高级法院确信上诉人有充足的理由证明其在上述期限内不能提起诉讼，此时允许它在另外一个不超过60日的期限内提起诉讼。

解释：在本条中"高级法院"是指

（a）受害方正常居住、经营业务或者亲自为收益而工作的地方在高级法院的管辖范围内；

（b）如果中央政府是受害方，高级法院具有被告的权限；或者在一个案件中有一个以上的被告，任何一个被告正常居住、经营业务或亲自为收入而工作。

第六部分　执行董事会

36. 执行董事会

（1）就本法案而言，中央政府应该建立一个执行董事会，它由一名专员与其他官员或者中央政府认为合适的其他部门官员组成，这些官员应被称作执行官。

（2）在不违反第（1）分款的情况下，中央政府可以授权执行专员或者一名额外的执行专员、特别执行专员或者执行专员代表来任命低于执行专员助理级别的执行官。

（3）根据中央政府所规定的条件和限制，执行专员可以行使本法案下所赋予的权力并履行本法案中的义务。

37. 搜查、没收等权利

（1）执行专员或者其他的级别不低于专员助理的执行官应该进行对第 13 条中所提到的违反的调查。

（2）在不违反第（1）款的情况下，中央政府同样可以以通知的形式，授权中央政府、国家政府或储备银行中的级别不低于印度政府副秘书长的任何一名或一组官员，调查在第 13 条中所提到的行为。

（3）在第（1）款中所提到的官员应该行使 1961 年的《收入税法》所赋予收入税务局同样的权力，并且在行使这些权力时应当遵守本法案所规定的限制。

38. 授权与其他官员

（1）中央政府可以以命令的形式并且在遵守其认为合适的条件和限制的情况下授权任何一名海关官员、中央执行官员、警官或中央政府及国家政府的其他官员来执行在本法案下的并在命令中列明的执行专员或其他执行官员的权力和义务。

（2）在第（1）款中所提到的官员应该在遵守中央政府所规定的条件和限制的情况下行使 1961 年《收入税法》所赋予收入税务局同样的权力。

第七部分　其他规定

39. 中止执行本法案

（1）如果中央政府确信环境的改变使它有必要停止授予或实行本法案中的任何已经授予的许可或者实行的限制，或者如果为了公众的利益，中央政府认为这样做是有必要或适宜的，那么它可以通知的方式永久或在通知中所规定的期限内中止或放松本法案所有或者部分条款的执行。

（2）对于被永久地中止或放松执行的在第（1）分款下的本法案的任何条款，在本法案还生效的任何时候，这些中止或放松可以由中央政府以通知的方式取消。

（3）根据本条规定所下发的每一个通知，应该在它下发后立即提交给议会的每一个院，在它的总共 30 天的开会期间（可以包括一次会议或者两次或多次连续会议），并且如果在会议结束之前可以立即召开上述的会议或者连续会议，两院都同意对通知做出某些修改或者两院都同意不应该下发该通知，那么该通知只能以修改的形式生效或者根本无效，根据案件的具体情况而定；但是，任何修改或者无效不能损害在本通知之下以前所做过的任何事情的有效性。

40. 中央政府下发指导的权力

就本法案而言，中央政府可以不时地向储备银行下发它认为合适的总的或者特别指示，并且储备银行在本法案下履行职责时应该服从这些指示。

41. 公司所做的违反

（1）如果一家公司违反本法案的任何条款或者以下所规定的任何规则、指示或命令，那么在违犯发生时，主管这家公司的每一个人以及为公司的经营行为负责的每一个人以及这家公司都被认为犯有违法之罪，因而应该受到起诉和惩罚。

（2）尽管第（1）款中包含了所有情况，当一家公司违反了本法案的任何条款或者以下所做的人的规则、指示或命令，并且可以证明该违反的发生是得到任何一个董事、经理、秘书或者公司的其他官员的同意或默许或者归因于他们的疏忽，因此该董事、经理、秘书或公司的其他官员应受到起诉或者惩罚。

42. 在一些情况下的死亡或破产

任何权力、义务、负债、起诉或上诉不能因为本条中的责任人的死亡或破产而减少；在其死亡或破产之后，这些权利和义务移交给该人的法定代理人或者正式的接收者或正式的受让人，根据具体情况而定：

只是死者的法定代表人，仅仅对在死者的遗产或财产范围内负责。

43. 法律诉讼的障碍

不能根据本法案或者以下所制定的任何规则、规章、统治、指示或命令而欺诈地或者故意地对中央政府、储备银行、政府或储备银行的任何官员或者在本法案下行使权力或履行职责或承担义务的任何其他人进行起诉、上诉或其他法律诉讼。

44. 解决困难

（1）如果在使本法案的条款生效时产生了任何困难，中央政府为了解决困难可以以命令的方式作任何与本法案条款不一致的事情。

（2）在本法案开始实施的两年期满后，不能再颁布本条中的这些命令。

根据本条款所下发的每条命令都应该在其下发之后立即提交给议会的各个院。

45. 制定规则的权力

（1）中央政府可以以通知的方式为执行本法案中的条款而制定规则。

（2）在不损害上述权力的一般性的情况下，这些规则可以规定：

（a）对第 5 条下的经常账户交易规定合理的限制；

（b）第 15 条第（1）款所规定的解决违反的方式；

（c）第 16 条第（1）款所规定的判决法院审讯的方式；

（d）第 17 条和第 19 条所规定的上诉形式和上诉费用；

（e）第 23 条规定的受理上诉法庭和特别专员（上诉）主席和其他成员应该支付的工资和津贴以及其他的任职条款和条件；

（f）第 27 条第（3）款规定的受理上诉法庭和特别专员（上诉）官员和雇员的工资和津贴以及其他的任职条款和条件；

（g）有关受理上诉法庭和特别专员（上诉）行使第 28 条第（2）款（i）规定的民事法庭的权力的附加问题；

（h）第 39 条第（2）款所规定的鉴别一份文件的机构、人及其方式；

（i）所要求的或者规定的其他问题。

46. 制定规章的权力

（1）储备银行为了执行本法案条款和以下所制定的规则，可以以通知的形式制定规章。

（2）在不损害上述权力的一般性的情况下，这些规章可以规定为

（a）第 6 条规定的所许可的资本账户交易种类，这些交易所许可的外汇限额，以及一些资本账户交易的禁止、限制或调整；

（b）第 7 条第（1）款（a）目所规定的提供申报单的方式和格式；

（c）第 8 条所规定的汇付外汇的期限和方式；

（d）第 9 条第（a）款所规定的每个人所能拥有的外币或外国硬币的最高限额；

（e）第 9 条第（b）款所规定的人的分类方式和外币账户可以持有或运作的最高限额；

（f）第 9 条（d）款所规定的可以豁免的所获得外汇的最高限额；

（g）第 9 条（e）款所规定的可以保持的所获得外汇的最高限额；

（h）所要求的或可以列明的其他问题。

47. 将规则和规章提交给议会

本条下所下发的每一个规则和规章，应该在它下发后立即提交给议会的每一个院，在它的总共 30 天的开会期间（可以包括一次会议或者两次或多次连续会议），并且如果在会议结束之前可以立即召开上述的会议或者连续会议，两院都同意对规则或规章做出某些修改或者两院都同意不应该下发该规则或规章，那么该规则或规章只能以修改的形式生效或者根本无效，根据案件的具体情况而定；但是，任何修改或者无效不能损害在本规则或规章之下以前所做过的任何事情的有效性。

48. 撤销和弥补

（1）废止 1973 年的《外汇管理法》并且解散上述法案（下文中指的是废止的法案）第 52 条第（1）款下成立的受理上诉委员会。

（2）在解散上述的受理上诉委员会之后，被任命为受理上诉委员会主席者以及被任命为成员并占有办公室的其他人，应该在解散日之前腾出各自的办公室并且该主席和其他人不能因为任期未满或者任职合同未到期而索要任何补偿。

（3）尽管暂时生效的其他法律中包含所有情况，任何法庭对所废止的法案中的违反不再有审理权并且在从本法案开始的两年期满后任何判决法官不再注意在废止的法案第 51 条下的任何违反。

（4）根据第（3）款中的条款规定，在所废止的法案下所做的所有违反应该继续受所废止的法案条款的管理，如当初没有被废止时一样。